P⊞V

BEHINDERTEN PÄDAGOGIK

3

2010
49. Jg.

ISSN
0341-7301

Schriftleitung: Prof. Dr. Willehad Lanwer, Zweifalltorweg 12, 64293 Darmstadt
Tel.: 06151-879881, FAX: +49 6151-879858, E-Mail: lanwer@vds-hessen.com

Ständige Mitarbeiter: Prof. Dr. Helga Deppe, Frankfurt a.M. – Prof. Dr. Georg Feuser, Zürich – Prof. Dr. Christiane Hofmann, Gießen – Prof. Dr. Wolfgang Jantzen, Bremen – Prof. Dr. Reimer Kornmann, Heidelberg – Prof. Dr. Rudi Krawitz, Koblenz – Dr. med. Horst Lison, Hannover – Prof. Dr. Holger Probst, Marburg – Prof. Dr. Helmut Reiser, Hannover – Prof. Dr. Peter Rödler, Koblenz – Prof. Dr. Alfred Sander, Saarbrücken – Prof. Dr. Ursula Stinkes, Reutlingen – Prof. Dr. Hans Weiss, Reutlingen – Wienke Zitzlaff, Hannover

Inhaltsverzeichnis

Behindertenpädagogik in Hessen

⇨

Behindertenpädagogik in Hessen

Schwerpunktthema:
»Berufliche Orientierung benachteiligter Jugendlicher«

✳ ✳ ✳

Editorial

Liebe Leserinnen und liebe Leser,

den Schwerpunkt dieses Heftes bilden Menschen mit dem Phänomen »Autismus«, die, so Basaglia (1974), stets in ihrer »doppelten Realität«[1] in den Blick zu nehmen sind. Im Sinne der »doppelten Realität« sind Menschen, die als autistisch bezeichnet werden, sowohl »gesellschaftlich geächtet« und sozial ausgeschlossen, sowie auch Menschen mit einer »psychopathologischen Problematik« (vgl. ebd.). Im Kern handelt es sich um Personen in einer Lebenssituation, in der es für sie sinnvoll geworden ist, ihre »Symptome« zu entwickeln. Dies zu erkennen und anzuerkennen ist die Bedingung der Möglichkeit ihrer Teilhabe, ihrer Integration und Inklusion.

Entsprechend haben die drei Beiträge von Hajo Seng, Barbara Michel und Susanne Ott die »dialektische und ideologische Entschlüsselung« (vgl. ebd.) der »doppelten Realität« des Phänomens »Autismus« zum Gegenstand. Diese wiederum sind die Voraussetzung für Teilhabe, Integration und Inklusion. Hajo Seng, als Experte in eigener Sache, bezieht sich in seinem Beitrag auf die Autismusforschung, die er kritisch in den Blick nimmt. Die »Überlegungen zu Bedingungen der Identitätsentwicklung von Menschen mit »Autismus-Spektrum-Störungen (ASS)« von Barbara Michel, betrachtet diese im Spiegel entwicklungspsychologischer Zusammenhänge unter Berücksichtigung der Anerkennungsverhältnisse, die als unabdingbare Bedingung den Identitätsbildungen vorgeordnet sind. Susanne Ott erklärt in ihren Ausführungen, wie der Zusammenhang zwischen »Autismus und Spracherwerb« aus einer subjekt- und personenorientierten Perspektive anders zu denken ist.

Die daran anschließenden Beiträge von Nadine Möller »Wege in das Betreute Wohnen unter dem Leitbild *Selbstbestimmung*«, sowie von Daniela Helfer und Alfred Fries »Belastungen in Familien mit behinderten Kindern unter ausgewählten Aspekten« stehen zwar nicht mehr im direkten Zusammenhang mit dem Schwerpunktthema dieses Heftes, beziehen sich aber gleichermaßen auf die »doppelte Realität« von Menschen, die als behindert bezeichnet werden. Nadine Möller verdeutlicht, dass die menschliche Selbstbestimmung stets nur in den Verhältnissen zwischen Personen ihre Wirklichkeit und Wirksamkeit entfalten kann. Daniela Helfer und Alfred Fries nehmen die Belastungen der Lebenswirklichkeiten von Menschen, die als behindert bezeichnet werden, und deren Angehörigen in den Blick und veranschaulichen, dass deren Überwindung auch als Bedingung der Möglichkeit von Teilhabe, Integration und Inklusion zu betrachten sind. Denn die freie Entwicklung eines jeden durchzusetzen, ist die Bedingung der freien Entfaltung aller[2].

Willehad Lanwer   *Die Redaktion*

* * *

---

1 Basaglia, Franco: Was ist Psychiatrie? Frankfurt: Suhrkamp 1974, S. 15f.

2 Vgl. Marx Karl; Engels Friedrich: Werke, MEW Bd. 4, S. 482.

Hajo Seng

Im Spiegel der Autismusforschung – Ein schwieriges Verhältnis

Seit seiner Beschreibungen durch Leo Kanner und Hans Asperger wird Autismus von etwas geradezu Mystischem durchzogen, dessen Faszination sich scheinbar kaum jemand entziehen kann[1]. Eine Form des Menschseins, die ihre Träger derartig sozial und kommunikativ distanziert, stellt naturgemäß eine Herausforderung für ein Menschenbild dar, das Menschen in erster Linie als soziale und kommunikative Lebewesen begreift. Verstärkt wird die Faszination am Autismus zweifelsohne auch dadurch, dass er sich mit zunehmender Erforschung als außerordentlich komplex herausstellt; wie als würde er sich standhaft weigern, seine Geheimnisse preiszugeben. Bereits der 1944 erschienene Aufsatz Hans Aspergers ist von einer starken Faszination an der Eigentümlichkeit und Widersprüchlichkeit autistischer Symptome durchzogen.

In der Regel adressiert die Autismusforschung eher Menschen, die mit Autisten zu tun haben, Wissenschaftler, Therapeuten oder Angehörige, als autistische Menschen selbst. Dabei wird sie von vielen autistischen Menschen sehr genau und auch sehr kritisch beobachtet. Für viele von ihnen stellt die Autismusforschung einen Spiegel dar, in dem sie sich und ihre Verhältnisse zu ihrer Umwelt reflektieren. Das trifft in besonderem Maße auf populärwissenschaftliche Aufbereitungen wissenschaftlicher Ergebnisse zu, da diese für ein Nicht-Fachpublikum leichter zugänglich sind. Dadurch, dass sich die Autismusforschung umgekehrt auch an ihren Forschungsgegenständen spiegelt, ergibt sich ein ausgesprochen verwickeltes Verhältnis zwischen der Autismusforschung und Autisten.

Was autistische Menschen von der Forschung über sich lernen, ist oft nicht gerade schmeichelhaft. Die Autismusforschung ist in weiten Teilen deutlich defizitorientiert; selbst in heutiger Zeit sind etwa Untersuchungen, die autistische Fähigkeiten in den Fokus nehmen, selten. Eigenartigerweise steht dies nicht nur in einem gewissen Kontrast dazu, wie sich gerade hochfunktionale autistische Menschen[2] häufig selbst erleben, sondern auch zu Hans Aspergers Beschreibungen[3]. Zwar sind auch nach meinen eigenen Erfahrungen Defizite in der sozialen Integration nicht zu übersehen, aber bei genauerem Nachdenken zeigt sich, dass es hierfür mehr als nur eine Deutungsmöglichkeit gibt. Ich erinnere mich gut daran, wie in meiner Ju-

1 Hans Asperger: »Die ›autistischen Psychopathen‹ im Kindesalter«. Archiv für Psychiatrie und Nervenkrankheiten (1944), 117, Seiten 76–136, 1944. Leo Kanner: »Autistic Disturbances of Affective Contact«. The Nervous Child, Vol. 2, 1943, S. 217–250.

2 Als »hochfunktional« oder »hochgradig funktional«, im Englischen »high functioning«, werden Autisten mit (mindestens) durchschnittlichem »Intelligenzniveau« bezeichnet. Diese Bezeichnung und ihre Abgrenzung zum »niedriggradig funktionalen« Autismus ist nicht unproblematisch, worauf ich hier aber nicht näher eingehen möchte.

3 So schreibt Hans Asperger über autistische Kinder: »Man bedenke, daß viele Erwachsene niemals zu jener Reife und Bewußtheit der Persönlichkeit kommen, welche zu einem solchen Wesen gehört!« (Asperger 1944)

gend meine Probleme beispielsweise damit erklärt wurden, dass ich zu klug für die anderen wäre oder dass ich zu viel nachdenken würde; zu jener Zeit hatte zumindest in Deutschland noch niemand an das Asperger-Syndrom gedacht. Auch ich hielt solche Erklärungsmuster für durchaus plausibel, wenn mir auch damals schon klar war, dass hinter meinen Problemen etwas viel Grundsätzlicheres stecken musste, als einfach nur »zu klug« zu sein.

Dass dagegen in der Autismusforschung völlig andere Erklärungsmuster herangezogen werden, hat natürlich auch mit ihren Intentionen zu tun: Wer sähe schon eine Notwendigkeit ein, ein »Zuviel an Klugheit« oder eine Neigung zum häufigen Nachdenken (weg-) zu therapieren? Aber hinter diesen unterschiedlichen Sichtweisen steckt noch viel mehr, vielleicht etwas, was in den Kern einer »autistischen Störung« verweist (wobei eine »Störung« nicht notwendig nur eine der autistischen Individuen, sondern durchaus auch eine des gesamten sozialen Umfelds bedeuten kann). Die Forschung geht, insbesondere wenn sie die sozialen und kommunikativen Aspekte des Autismus behandelt, von einer Funktionsweise des Menschlichen aus, die Autisten nicht oder lediglich peripher einschließt. Sie postuliert als Basis ihrer Perspektive ein »wir«, das von Autisten in aller Regel nicht geteilt werden kann. Ein »wir« bestehend aus Menschen, deren Welt in erster Linie kommunikativer und sozialer Natur ist und die sich genau darüber, über ihre kommunikativen und sozialen Erfahrungen, als Menschen definieren.

Dass autistische Menschen nicht Bestandteil dieser Form des Menschseins sind, ist etwas, was von nicht-autistischen Menschen in der Tat als ein schwerwiegendes Defizit wahrgenommen wird, nicht nur in der Autismusforschung. Bei vielen autistischen Menschen korreliert dieser Befund mit dem meist schon früh einsetzenden Gefühl, aus nahezu allen sozialen Kontexten ausgeschlossen zu sein. Sehr präsent ist da beispielsweise in meiner Erinnerung jenes »man«, mit dem unter anderem meine Eltern gerne etwa für Verhaltensnormen argumentierten, die für mich logisch nicht nachvollziehbar waren.

In zwei Welten leben

Eine der grundlegenden Erfahrungen mit »meinem« Autismus besteht darin, dass ich mein autismusbedingtes »Anderssein« als viel tiefgreifender empfunden habe und empfinde, als alle anderen Aspekte meines Andersseins. Ich habe dafür eine gute Vergleichsmöglichkeit, da ich nicht nur autistisch, sondern auch schwul bin. Der Unterschied zwischen meinem Schwulsein und meinem Autistischsein drückt sich schon darin aus, dass ich mein schwules Coming-out im Alter von 15 Jahren hatte, mein autistisches 17 Jahre später. Der Grund für diesen Zeitunterschied besteht einzig und alleine darin, dass ich siebzehn Jahre mehr brauchte, um mein Autistischsein zu verstehen.

»Coming-out« ist ein sehr schwieriger Begriff und insbesondere für diejenigen, die so etwas nicht selbst erlebt haben, mit Sicherheit abstrakt und schwer nachvollziehbar. Er beschreibt eine – nicht selten unvermittelt eintretende – Erkenntnis, die ein lange gespürtes Anderssein mit einer unzweifelhaften Evidenz erklärt. Schwul zu sein, bezeichnet etwas recht Einfaches – im »Normalfall«. Man

fühlt sich von Menschen gleichen Geschlechts erotisch deutlich stärker angezogen
als von Menschen anderen Geschlechts; ein Satz genügt zur Erklärung – zumindest
solange, wie dabei die autistischen Aspekte des eigenen Sexuallebens vernachlässigt
werden.

Autismus ist dagegen nicht so leicht erklärt. Mit ungefähr zehn Jahren hatte
ich Kontakt mit der Welt der Menschen aufgenommen, d.h. Menschen als Menschen wahrgenommen und nicht für »exotische Tiere« gehalten[4]. Spätestens dabei
wurde mir klar, dass ich anders bin, grundsätzlich anders; so anders und fremd, wie
sich Menschen ansonsten einander gar nicht fremd sein konnten – außer ich. Ich
war in meiner Wahrnehmung zwar nicht mehr, wie in meiner Kindheit, das einzige
Lebewesen überhaupt in meiner Welt, aber immer noch das einzige »von meiner
Art«. Als das Absurdeste an dieser Konstellation empfand ich den Umstand, dass
ich dennoch aussah wie ein Mensch. Dieses Anderssein war seither das zentrale
Thema in meinem Leben; und ich brauchte in der Folge mehr als zwanzig Jahre,
um es mit dem Begriff »autistisch« zu verbinden. Diese Erkenntnis, autistisch zu
sein, kam – wie es bereits bei meinem schwulen Coming-out gewesen war – ziemlich unvermittelt und plötzlich.

Bereits als Jugendlicher hatte ich die Vorstellung entwickelt, aus irgendwel-
chen mir unbekannten Gründen in einer Welt zu leben, zu der ich nicht gehörte.
Im Grunde genommen lebte – und lebe – ich in zwei Welten, die unterschiedlicher
gar nicht sein können als sie sind. In einer von beiden kann ich mit Menschen interagieren und sozial »funktionieren«, aber fühle mich durch und durch fremd und
nicht »hingehörig«; in der anderen fühle ich mich zu Hause, habe aber keine Möglichkeit mehr, mit Menschen in Kontakt zu treten. Es gab für mich lange Zeit keine
auch nur halbwegs plausible Erklärung für mein »Zwei-Welten-Dasein«; letztlich
bis ich feststellte, dass es auch andere Menschen gibt, die sich so erleben: Autisten.
Die Wahrnehmung vieler autistischer Menschen, sich selbst auf einem »falschen
Planeten« wiederzufinden, ist so verbreitet, dass hierfür – quasi als Synonym für das
Asperger-Syndrom – der Begriff »Wrong Planet Syndrome« populär geworden ist[5].

Wie für viele Autisten war auch meine Kindheit und Jugendzeit durch Erfahrungen der Ausgrenzung geprägt. Eigenartigerweise habe ich diese Ausgrenzung
auch schon sehr früh als eine »doppelte Ausgrenzung« erlebt; bereits zu Zeiten, in
denen ich noch weit davon entfernt war, mich mit dem Thema Autismus zu beschäftigen. Als einen Aspekt dieser doppelten Ausgrenzung habe ich ein Wissen
wahrgenommen, von dem ich das Gefühl hatte, dass es alle andere Menschen miteinander teilten, ich aber nicht. Menschliche Verhaltensweisen waren (und sind)

---

4 Den Effekt, dass andere Menschen wie fremdartige Wesen erscheinen, hat auch Axel Brauns in
   seinem Buch »Buntschatten und Fledermäuse – Leben in einer anderen Welt« beschrieben. Hoffmann & Campe 2002.
5 Janet Norman-Bain: »Ooops … Wrong Planet!« http://www.planetautism.com, 1995. Janet
   Norman-Bain gilt als eine der ersten, die eine autistische Internet-Community begründet
   hat; zumindest hat sie mit dem »Wrong Planet Syndrome« einen Begriff geprägt, der heute untrennbar mit dem Asperger-Syndrom verbunden ist.

ohne die Annahme »verborgener Informationen« für mich nicht verstehbar. Der andere Aspekt war schlicht eine Ausgrenzung auf Grund meines Andersseins; eines Andersseins, das allerdings schwer fassbar war, weil es sich schwerlich an konkreten Dingen festmachen ließ. Diese außerordentlich schwer zu fassende Form der Ausgrenzung, die ich vor allen Dingen als Jugendlicher erfahren hatte, bildete die Grundlage für das Gefühl, auf einem falschen Planeten zu leben; umso mehr, weil ich sie von allen Menschen meines Umfeldes erfahren hatte, von meinen Eltern, meinen Lehrern und von Gleichaltrigen.

Die Tatsache, dass sich mein innerstes, subjektives Gefühl, nämlich »in Wirklichkeit« kein Mensch zu sein, darin widerspiegelte, wie andere Menschen mit mir umgingen, bestärkten meinen Eindruck, dass in dem Verhältnis zwischen mir und meiner Umwelt etwas Grundsätzliches nicht stimmt. Meine eigene Welt war dagegen in sich absolut stimmig, die der anderen scheinbar auch, sonst hätten sie sich nicht entsprechend verhalten; aber beide Welten schienen überhaupt nicht zusammenzupassen. Meine tatsächliche soziale Position, mit »am Rand« noch ziemlich beschönigend beschrieben, und das Fremdsein, das ich in der Welt der Menschen empfunden habe, deckten sich und ergaben auf diese Weise ein konsistentes Bild.

Zur Desintegration autistischer Menschen

Diese Erfahrungen fanden vor dem Hintergrund einer zunehmenden Desintegration hochgradig funktionaler Autisten seit den späten 1970er Jahren statt[6]. Ich hatte in meiner Grundschulzeit zu Beginn der Siebzigerjahre des letzten Jahrhunderts das damals wie heute seltene Glück, von einer Sonderschule (wie es damals hieß) in die Regelschule wechseln zu können. Ohne dieses Glück – und den massiven Einsatz meiner Eltern, der dies überhaupt ermöglichte – hätte ich heute nicht einen Hochschulabschluss als Diplommathematiker und auch keinen entsprechenden Beruf. Der Grund für meine Einstufung als »schuluntauglich« waren meine mangelhaften sozialen Fähigkeiten und der Grad an sozialer Integration, den man mir damals zutraute. Dass ich bereits im Vorschulalter lesen, schreiben und rechnen konnte, wog dagegen wenig. Der Wechsel in die Regelschule war aber nur der Beginn eines bis heute fortdauernden Kampfes um eine befriedigende Form der sozialen Integration.

Die Situation für hochfunktionale Autisten in den Schulen hat sich nach meiner Beobachtung bis in die heutige Zeit eher verschärft als verbessert. Nicht von Ungefähr wurden diese Autisten seit den Siebzigerjahren zunehmend sichtbar und bildeten schließlich einen eigenständigen Bereich innerhalb des Autismus, das Asperger-Syndrom[7]. Die Erfahrungen im Selbsthilfebereich zeigen, dass heute viele

---

6 Siehe dazu auch den Artikel über die Desintegration hochfunktionaler Autisten von Henning Böke: »Asperger: Die Geburt eines Syndroms – Prologomenon zur Enthinderung autistischer Intelligenz«. Behindertenpädagogik Heft 47/3, S. 260–282, 2008.

7 Die Diagnose »Asperger-Syndrom« gibt es seit Ende der 1980er Jahre, der Begriff »Asperger Syndrom« wurde 1981 von Lorna Wing eingeführt: »Asperger's syndrome. A clinical account«. Psychological Medicine. Vol. 11, 1981, S. 115–129.

Asperger-Autisten mit zum Teil guter Ausbildung und hochentwickelten Fähigkeiten, Berufen nachgehen, für die sie deutlich überqualifiziert sind, wenn überhaupt welchen. Viele von ihnen empfinden in nachvollziehbarer Weise ihre soziale Randposition als Diskriminierung aufgrund mangelnder Fähigkeiten, in einer Weise zu kommunizieren und sozial zu interagieren, wie sie heutzutage erwartet und als »normal« empfunden wird.

Dabei geht es nicht um Menschen, die etwa gar nicht zur Kommunikation und Interaktion in der Lage wären. Es geht um Fähigkeiten, wie zum Beispiel »Smalltalk« zu führen, sich anzupreisen und verkaufen zu können, bestimmte Formen des Humors zu verstehen, Körpersprachen, Gesten und Mimiken zu deuten und so einzusetzen, dass andere Menschen davon nicht irritiert werden. Ohne solche Fähigkeiten ist es außerordentlich schwierig, einen befriedigenden Platz in der Gesellschaft zu finden. Das drückt sich auch darin aus, dass der Begriff »autistisch« in der Welt der »Normalen« gerne als Schimpfwort gebraucht wird und oft Zustände bezeichnet, die mit dem wirklichen Autismus nichts zu tun haben. In dieser, der letztgenannten, Hinsicht decken sich meine Diskriminierungserfahrungen als Schwuler und als Autist.

Es ist gerade auf dem nordamerikanischen Kontinent nicht unpopulär, in Zusammenhang mit Autismus von einer »Seuche« zu sprechen, die sich ähnlich wie Aids oder Grippe in der Bevölkerung ausbreitet[8]. Das stellt einen, wie ich meine, sehr hilflosen Versuch dar, die zunehmende Sichtbarkeit autistischer Menschen in westlichen Gesellschaften zu erklären. Es fällt auf, dass der überwiegende Teil der Studien, die einen dramatischen Anstieg des Anteils der autistischen Bevölkerung feststellen oder vorhersagen, dies mit fragwürdigen Theorien verknüpfen oder aus den USA stammen und nicht selten mit fragwürdigen Methoden erstellt wurden. Die wesentlich näher liegende Idee, dass diese zunehmende Sichtbarkeit hochgradig funktionaler Autisten vielmehr mit Änderungen der Gesellschaften selbst als mit dem autistischen Teil der Bevölkerung zu tun haben könnten, wird dagegen deutlich seltener in Betracht gezogen. Dabei liegt es auf der Hand, dass in einem gesellschaftlichen Wandel, in dem zunehmend der Schein – vor allen Dingen auch der kommunikativ hergestellte Schein – tragende Rollen spielt, Menschen auf der Strecke bleiben, denen ein Gutteil gesellschaftlicher Kommunikation verschlossen ist.

Im Spiegel des Bewusstseins

Als Jugendlicher hatte ich das starke Gefühl, an der Stelle nichts zu empfinden, wo andere allem Anschein nach sich selbst, ihr »ich« verorteten. Im Nachhinein würde ich sagen, dass so etwas wie ein »Ichempfinden« überhaupt erst in einem Alter von

---

8 Hier sei an die damals recht bekannt gewordenen Darstellungen Dr. Victor Goldblums im Collège des Médecins, Montréal, 2003 erinnert. Über den daraus folgenden Rechtstreit und weitere Auseinandersetzungen in Kanada über die Frage, ob Autismus als Seuche bezeichnet werden darf, verweise ich auf die lesenswerte Zusammenstellung von Michelle Dawson: »No Autistics Allowed: Explorations in discrimination against autistics«. http://www.sentex.net/~nexus23/naa_02.html, 2003.

10 bis 12 Jahren in mein Leben getreten war. Und seitdem ist es mir immer fremd geblieben. Ich bemerkte schon früh, dass andere Menschen, vor allen Dingen auch die anderen Kinder in der Schule, in ihresgleichen etwas »Besonderes« sehen mussten, was ich nicht wahrnehmen konnte. Doch was war das, was sie da erblickten, und was sahen sie dagegen in mir, das sie veranlasste, mich anders zu behandeln? Diese Frage war für mich sehr wichtig, weil es offenbar auch damit zu tun hatte, dass sie mich anders behandelten, und beispielsweise mit mir keine Freundschaften schlossen, so wie sie es mit ihresgleichen taten. Sehr viel später, als Erwachsener, bin ich Menschen begegnet, die, ebenso wie ich, nichts wirkliches als »ich« empfanden. Mit ihnen machte ich die Erfahrung, dass das, was ich da erblickte, ich selbst war; diese Menschen waren wie Spiegel – anders als »normale« Menschen, in denen ich nichts Besonderes erkennen kann. Ich zog aus diesen und ähnlichen Erfahrungen – den Schluss, dass auch ich auf andere Menschen wie ein Spiegel wirke, was die allermeisten als irritierend empfinden.

Spiegel sind Gegenstände, die vermutlich seit Menschengedenken eine große Faszination auf Menschen ausgeübt und damit auch ihren Eingang in die mythische Welt gefunden haben[9]. Spätestens seit Charles Darwin gibt es in der westlichen Wissenschaft die Idee, Ichbewusstsein an der Fähigkeit, sich selbst im Spiegel zu erkennen, festzumachen. Die Tests mit dem Farbfleck im Gesicht sind inzwischen weithin bekannt; auch, dass nicht nur manche Menschenaffen diesen Test bestehen, sondern auch beispielsweise Krähen[10]. Mit dieser Spiegelkonzeption des Bewusstseins ist ab Ende der 1970er-Jahre die »Theory of Mind« aufgekommen. Sie sieht in der Fähigkeit, anderer Menschen Wissen und Absichten intuitiv zu erkennen, eine Basisfunktionalität menschlichen Bewusstseins, die insbesondere eine Voraussetzung für soziale Interaktionen darstellt. Die Fähigkeit zur Mentalisierung, womit die »Theory of Mind« oft ins Deutsche übersetzt wird, wird in der Regel mit so genannten »False-Belief«-Tests ermittelt, in denen es gilt, das Wissen anderer in der Interpretation einer Situation zu berücksichtigen[11]. Die Fähigkeit, sich selbst im Spiegel zu erkennen, die bei Kindern in der Zeit zwischen 1,5 und 2 Jahren erlangt wird, geht nach aktuellen Studien der Fähigkeit, Theory-of-Mind-Tests zu bestehen,

---

9 Interessanterweise wurde Narziss von Aphrodite dazu verurteilt, sein eigenes Spiegelbild zu lieben, weil er sowohl die Liebe der Jünglinge, als auch der Mädchen zurückgewiesen hatte.

10 Bei diesem Test wird meist im Gesicht der Probanten ein Farbfleck angebracht und beobachtet, ob sie den Fleck versuchen zu entfernen, wenn sie ihn an sich im Spiegel sehen.

11 Der Begriff »Theory of Mind« geht zurück auf Premack und Woodruff, 1978. Er bezeichnet ein intuitives Erfassen der mentalen Zustände anderer Menschen, die als Grundlage für zwischenmenschliche Kommunikation gesehen wird. Diese Fähigkeit setzt ein Selbstbewusstsein und ein Abgrenzen der eigenen mentalen Zustände von denen anderer Menschen voraus. Der »Sally-and-Anne«-Test und der »Smarties«-Test erzählen eine Bildergeschichte, in der in der agierenden Person ein Wissen fehlt, was der Betrachter der Geschichte hat. Bestanden hat den Test, wer erkennt, dass die Figur der Geschichte nicht über das Wissen des Betrachters verfügt.

voran, die sich dann ab etwa 2,5 bis 3 Jahren einstellt[12]. Daraus wird der Schluss gezogen, dass die Fähigkeit, sich selbst im Spiegel zu erkennen, eine Voraussetzung für die Fähigkeit darstellt, anderer Menschen Wissen und Absichten zu »erspüren«.

Erst vor diesem Hintergrund wird klar, was die Entdeckung der so genannten Spiegelneuronenfunktion in der wissenschaftlichen Welt ausgelöst hat[13]. Mit einem Mal erscheint eine physiologische, das heißt naturwissenschaftliche, Grundlage für ein bis dahin in wesentlichen Zügen hypothetisches Bild des »Ichbewusstseins« in greifbarer Nähe. Tatsächlich lassen Spiegelneuronen das Potenzial erkennen, den Freudschen Traum in Erfüllung gehen zu lassen, nämlich eine naturwissenschaftliche Begründung der Psychoanalyse zu finden. Doch bereits wenige Jahre nach der Entdeckung macht sich gegenüber der Erklärungskraft der Spiegelneuronen eine gewisse Ernüchterung breit. Das Thema erscheint bei genauerer wissenschaftlicher Betrachtung deutlich vielschichtiger als es die ersten Veröffentlichungen nahelegten. In der Frage, wie die Spiegelneuronenfunktion genau zu verstehen und was sie zu erklären in der Lage ist, gehen die Meinungen bis heute auseinander. Dabei fällt auf, dass Aufsätze und Abhandlungen, in denen Spiegelneuronen als mächtiges und universales Paradigma dargestellt werden, diese als einzelne Neuronen skizzieren, die die Funktion des Spiegelns übernehmen. Dabei ist genau diese Verortung der Spiegelneuronenfunktion durchaus umstritten und nicht wirklich nachgewiesen. Tatsächlich zeigt sie sich, wie andere Funktionen des Gehirns auch, als Effekt eines neuronalen Netzwerkes, das unterschiedliche, zum Teil physikalisch weit voneinander entfernte Regionen des Gehirns miteinander verbindet[14].

Das Paradigma eines Spiegelbewusstseins hat in der zweiten Hälfte des zwanzigsten Jahrhunderts eine enorme Popularität erlangt, die sich beispielsweise bis in die Architektur moderner Städte niederschlägt, deren großflächiger Einsatz von Glas als Mittel zur Vervielfachung der Betrachter verstanden werden kann. Auf dieser Grundlage fußt die hohe Überzeugungskraft von Spiegelneuronen – wie auch Theory-of-Mind-Modellen. Dieses als Spiegelbewusstsein konzipierte Bewusstsein ist auch ein durch und durch soziales Bewusstsein, das auf ein Funktionieren innerhalb eines sozialen Kontextes ausgerichtet ist. Es basiert auf sprachli-

---

12 Hierzu und überhaupt zum Thema Spiegel sei das Buch von Julian Paul Keenan empfohlen: »Das Gesicht im Spiegel. Auf der Suche nach dem Ursprung des Bewusstseins«. Reinhardt Verlag, 2005.

13 Die Entdeckung geht auf das Jahr 1995 zurück: Giacomo Rizzolatti et al.: »Premotor cortex and the recognition of motor actions«. Cognitive Brain Research 3, S. 131–141, 1996. In in einer späteren Veröffentlichung Rizzolattis lässt sich dann gut die »typische« Überinterpretation dieser Entdeckung nachvollziehen: »Empathie und Spiegelneurone. Die biologische Basis des Mitgefühls«. Suhrkamp Verlag, 2008.

14 Wenn das Spiegelneuronensystem in einzelnen Knoten lokalisiert wird, sind es vornehmlich die Insula, der inferiore frontale Gyrus (die somatosensorische und prämotorische Rinde) und das Broca-Zentrum. Vor dem Hintergrund der ursprünglichen Entdeckung ist die Verbindung von Motorik und Sensorik, sowie auch des Sprachzentrums entscheidend. Allerdings zeigen die nachfolgenden Untersuchungen, dass eine solche »Verortung« der Spiegelneuronenfunktion eine sehr grobe Vereinfachung der tatsächlichen Verhältnisse darstellt.

chen und damit logischen Effekten, indem es sich – analytisch betrachtet – als eine semantische Verschränkung darstellt[15]. Dadurch, dass sie als eine nur in der Zeit auflösbare Logik wirkt, stellt sich diese Verschränkung als eine Art Metakommunikation in kommunikativen Kontexten von selbst her und tritt dabei als eine reziproke, das heißt rein auf den kommunikativen Akt bezogene, Sprache in Erscheinung. Das ist aus einer psychoanalytischen Perspektive betrachtet das, was sich in der Kognitionstheorie als »Theory of Mind« zeigt. Das Wissen und die Absichten, die an anderen Menschen über den intuitiven Weg der Mentalisierung erkannt werden, sind daher nur innerhalb ihres historischen und sprachlichen Kontextes wirklich.

Ein Ichbewusstsein, das sich in jedem Akt der Kommunikation selbst bestätigt und dadurch quasi omnipräsent zu sein scheint, erscheint als das »natürliche« Bewusstsein schlechthin. Tatsächlich ist aber eine solche Form des Selbst-Bewusstseins eine von vielen möglichen, die in einem bestimmten historischen und kulturellen Umfeld entstanden ist, im Gefolge der griechisch-antiken Kunst und Philosophie[16]. Im Unterschied dazu ist beispielsweise im Buddhismus ein anderes Konzept des Ichbewusstseins entstanden, eines, das seine Vollendung in der Erkenntnis der eigenen Scheinhaftigkeit findet. Im Licht aktueller Forschungsrichtungen erscheint die Vorstellung einer einzigen »richtigen« Form des menschlichen Bewusstseins nicht angemessen, von der aus gesehen alle anderen als (mehr oder weniger pathologische) Abweichungen zu verstehen sind. Vielmehr sollten verschiedene Formen des Bewusstseins etwa als Attraktoren in einem (höchst) dynamischen Geschehen verstanden werden, die untereinander nicht in einem hierarchischen Verhältnis stehen.

Autistische Gehirne sind offenbar anders strukturiert und funktionieren anders als die derjenigen Menschen, die als »Norm« angesehen werden; dabei soll hier die Frage, was denn genau als »Norm« betrachtet werden kann, unbeantwortet bleiben. Obendrein verlaufen autistische Sozialisationen in der Regel auf spezifische Weise anders als die eher unauffälliger Menschen. Daher überrascht es nicht, dass sich entsprechend andere Attraktoren als »typisch autistische« Bewusstseinsformen herausbilden – um in dem Bild dynamischer Systeme zu bleiben. Vermutlich sind die Unterschiede zwischen diesen Formen der Selbstbewusstseinsbildung so gering, dass sie sich nur schwer identifizieren lassen. Dennoch wiegen diese marginalen Unterschiede in kommunikativen Situationen sehr schwer und umso

---

15 Siehe Jacques Lacan »Die logische Zeit und die Assertion der antizipierten Gewissheit. Ein neues Sophisma«. In: Schriften III. Olten: Walter Verlag, S. 101–121, 1980 (Originaltext aus dem Jahr 1945). Den Mechanismus dieser »interaktiven Logik« zu beschreiben, würde hier etwas zu weit führen. Dennoch stellt er eine grundlegende semantische Struktur dar, die sehr weite Bereiche sprachlicher Interaktion durchzieht.

16 Diese Form des Selbst-Bewusstseins ist eng mit einer Geschichte verwoben, die ihre Dynamik größtenteils ihren schriftsprachlichen Aspekten verdankt. Nicht von ungefähr tritt in der griechischen Antike zusammen mit einer wirkmächtigen, schriftsprachlich geprägten, Kultur ein neuer Typ der Person in Erscheinung tritt. Siehe hierzu: Georg Picht: »Kunst und Mythos«. Klett-Cotta, 1986.

schwerer, je mehr sie nicht als Teil einer Vielfalt, sondern als Abweichung von einer Norm wahrgenommen werden. Da, wo dieser Umstand nicht reflektiert wird,
erscheinen Merkmale autistischer Bewusstseinsformen als Defizite, wie das leider in
nicht wenigen populärwissenschaftlich daherkommenden Veröffentlichungen zum
Thema Spiegelneuronen der Fall ist[17].

Dabei könnte gerade eine geringere Anfälligkeit für logische Effekte, die ausschließlich in kommunikativen Situationen bestehen, als Vorteil angesehen werden.
Da, wo Mentalisierungen ohne klare Fundierung geradezu beliebige Interpretati-
onsspielräume öffnen, könnte beispielsweise eine geringere Neigung für massen-
psychologische Effekte durchaus wünschenswert sein.

Im Spiegel oder als Spiegel?

Jacques Lacans Beschreibung der initialen Objektbindung als semantische Spiegelung bleibt ganz bei Freud, indem sie einen Mechanismus der Bewusstseinsbildung
aufzeigt, der an eine bestimmte historische Epoche – und an einen bestimmten
Menschentyp – gebunden ist. Beide zeigen durch ihre Beschreibung, dass ihnen
selbst diese Form des Bewusstseins äußerlich und fremd ist. Sie ist Gegenstand ihrer Forschungen, Analysen und Beobachtungen, nicht aber Grundlage ihres eigenen Ichbewusstseins. Deswegen ist für beide auch die Erfahrung dessen, was sie
beschreiben, der Analyse, so wichtig. Die Erfahrung, um die es in der Psychoanalyse dabei geht, ist die, als Analytiker selbst Spiegel zu sein und andere Menschen auf
diese Weise, als Spiegel, wahrzunehmen[18]. Eigenartigerweise entspricht dies ziemlich genau meiner Erfahrung mit anderen Menschen; tatsächlich liegt darin der
Grund für mein Interesse an der Psychoanalyse, das ich bereits als Jugendlicher
entwickelte, und später am Buddhismus.

Erfahrungen mit dem eigenen Ichbewusstsein sind naturgemäß sehr schwer
zu fassende Erfahrungen. Erst nach und nach kondensieren diese Erfahrungen zu
einem konsistenten Bild, das bis dahin bereits etliche Stufen der Rationalisierung
und Reflexion durchlaufen hat. Sie ähneln in diesem Aspekt den Erfahrungen mit
dem eigenen Autistischsein. Dennoch war mir auch in dieser Beziehung, was mein
Ichsein angeht, schon als Kind klar, dass »es« bei mir sehr anders sein musste als
bei anderen, dass es bei mir anders funktionierte. Viel später erst verstand ich, worin dieses Anderssein bestand.

---

17 Und nicht nur in populärwissenschaftlichen Veröffentlichungen. So schreibt etwa Giacomo
   Rizzolatti: »Bei Autisten wird der andere kein Teil des Selbst, er bleibt reine Außenwelt.«
   in »Empathie und Spiegelneurone. Die biologische Basis des Mitgefühls«. Suhrkamp Verlag, 2008. Dieser Satz gibt Anlass zur Vermutung, dass Rizzolatti nie wirklich mit einem
   Autisten in Kontakt getreten ist und offenbar auch nicht mit der Psychologie.

18 Jacques Lacan beschreibt die Tätigkeit des Analytikers in der Psychoanalyse als »leeres Sprechen« und greift damit eine Analogie zum Zen-Buddhismus auf: Der Geist, der die
   Scheinhaftigkeit seines »selbst« erkannt hat, wirkt wie ein leerer Spiegel. Siehe zum Verhältnis Sigmund Freuds zur Psychoanalyse: Jürg Kollbrunner: »Der kranke Freud«. Klett-
   Cotta, 2001.

Eine autistisch geprägte Form des Ichbewusstseins unterscheidet sich von dem der Freudschen Psychoanalyse in erster Linie durch die Art des Spiegelns, die es konstituiert. Anders als ein semantischer Spiegel, der immer nur in einem kommunikativen Umfeld besteht, spiegelt ein autistisch geprägtes Bewusstsein auf direkte, unmittelbare Weise das wider, was es an Erwartungen, Befürchtungen oder Vorurteilen beispielsweise wahrnimmt, so wie es vor ihm steht. Wissenschaftlich gesehen sind mir keine Studien bekannt, die diese These belegen würde, aber sie entspricht deutlich meinen Erfahrungen mit mir selbst und mit anderen Autisten. Uta Frith hat in Bezug auf die direkten Kommunikationsformen, die sie bei Autisten beobachtet hat, eine analoge Art des Spiegelns beschrieben[19]. Ein solches direktes Spiegeln hätte auch zur Folge, dass die Gefahr, in der Kommunikation mit Autisten das widergespiegelt zu bekommen, was man als Vorverständnis oder Vorurteil in die Begegnung hineinlegt, sehr groß ist. Das wiederum erfahren viele autistische Menschen häufig in der Interaktion mit anderen, nicht-autistischen Menschen: In einer ungewollten Weise Spiegel zu sein.

Negatives Spiegeln

Vom Standpunkt der Psychoanalyse gesehen basiert das semantische Spiegeln, das jenes »Ichbewusstsein« konstituiert und die heutigen Gesellschaften zusammenhält, auf einem durch und durch sprachlich strukturierten Unbewussten und auf eine scharfe Trennung zwischen Innen- und Außenwahrnehmung. Dadurch stellt ein solches Bewusstsein sowohl eine scharfe Trennung zwischen »ich« und »anderen« her, als auch eine enge und untrennbare Verschränkung von beidem. Auf dieser Grundlage stehen die Intuitionen, die den Menschen ermöglichen, sich auch über »Unausgesprochenes« zu verständigen. Die Fähigkeit zur Theory of Mind findet so ihre Grundlage in einer spezifischen Art und Weise der Menschen, sich selbst in einer Verschränkung – und zugleich Abgrenzung – zu anderen als »ich« wahrzunehmen. So erleben sich vermutlich die meisten, aber eben nicht alle Menschen[20].

Es ist eine subtile, autistischen Menschen meistens weitgehend verborgene Kommunikation, die eng mit der Entstehung und Entwicklung eines Ichbewusstseins korreliert ist, das sich vornehmlich sozial konstituiert. Autistische Menschen, die nicht solchen Kommunikationsregeln entsprechend mit anderen Menschen interagieren, spiegeln irritierende Bilder an Stelle der erwarteten zurück. Ich vermute, dass eine solche Kommunikation, wie viele andere Aspekte der sozialen

---

19 »Die autistische Wortwörtlichkeit [hält] denjenigen den Spiegel vor, die eifrig ›intentionalisieren‹. Hier macht das Gespür für unterschwellig mitgeteilte Intentionen uns einmal alle zum Narren.« Uta Frith: »Autism and Asperger syndrome«. Cambridge University Press, 1991. Eine sehr deutliche Ausdrucksform des direkten Spiegelns stellt die Echolalie dar.

20 Solche unscharfen Trennungen zwischen innen und außen, Subjekt und Objekt, Körper und Geist und ähnlichem wird meist dem Fehlen einer »zentralen Kohärenz« im autistischen Denken zugeschrieben. Vor dem Hintergrund aber, dass die westliche Kultur historisch eine ist, die sich maßgeblich an dem Ringen um so eine »zentrale Kohärenz« entwickelt, die sich in der Philosophie zur »Metaphysik« radikalisiert hat, erscheint eine »inkohärente« und damit metaphysikkritische Sichtweise in der Welt durchaus nicht abwegig.

Interaktion, von vielen Autisten mit der Zeit kognitiv erlernt werden, und daher der Effekt des »irritierenden Spiegelns« mit zunehmendem Alter abnimmt. Aber gerade im Kindes- und Jugendalter sind solche Irritationen zum Teil sehr massiv und stellen eine für alle Seiten schwer zu überwindende Kommunikationsbarriere dar.

Da solche Verunsicherungen auf eine fragile Konstitution des Selbstbildes der Menschen treffen, rufen sie entsprechende Reaktionen der Abwehr hervor, die von den Autisten als grundlegende Ablehnung ihrer nicht-autistischen Umwelt erfahren werden. Ich sehe genau hierin einen der Hauptgründe dafür, dass Autismus und autistische Menschen so provokativ auf andere, nicht-autistische Menschen wirken[21]. Die Irritationen werden dann häufig als ein Fehlen von etwas Grundmenschlichem rationalisiert, was manche Autoren dazu verleitet, im Autismus die schlimmste aller Behinderungen zu sehen[22]. Tatsächlich stellt Autismus mit dem ihm eigenen »Spiegelbewusstsein« ein Menschsein in Frage, das insbesondere in der Moderne als grundmenschlich verstanden wird, ohne historisch und kulturell angemessene Relativierung. Der semantisch spiegelnde Mensch stellt aber lediglich einen Aspekt des Menschseins dar, nicht mehr und nicht weniger.

Der Blick, der sich solchermaßen der Ichkonstitution verweigert, eignet sich offenbar in besonderer Weise als Projektionsfläche für das, was an diesem Ichsein als mangel- oder gar fehlerhaft empfunden wird. So kommt es, dass als »autistisch« gerne gesellschaftliche Gegebenheiten bezeichnet werden, die ganz und gar nichts mit Autismus zu tun haben: Egoismus, soziale Kälte, Atheismus oder gefühllose Geniehaftigkeit um nur ein paar Beispiele zu nennen. Als Autist findet man sich in einer außerordentlich schwierigen sozialen Situation wieder, indem man Eigenschaften und Bilder verkörpert, die nur sehr wenig mit einem selbst zu tun haben. Alleine deswegen verwundert es nicht, dass Autisten für ein derartiges soziales Spiegeln nicht sehr empfänglich sind.

Gerade für autistische Menschen ist es ein ungünstiger Aspekt neuerer wissenschaftlicher Paradigmata, dass der Freudsche Lehrsatz, das Unbewusste ist wie Sprache strukturiert, gerne missverstanden wird in der Form, dass der psychische Apparat insgesamt wie Sprache strukturiert wäre. Das wird zum Beispiel bei Peter Rödlers Analysen deutlich. Meines Erachtens hält dies aber einer kritischen Betrachtung nicht stand. Es hält vor allen Dingen aber auch vor dem Hintergrund autistischer Lebenserfahrung nicht stand. Ich möchte hier diesen Punkt nicht vertie-

---

21 Das Wort »Autismus« als Schimpfwort wird gerne für Assozialität, Egoismus, Ignoranz und ähnlichem verwendet, was alles mit Autismus tatsächlich so gut wie nichts zu tun hat. Bei mir hängen geblieben ist jener nicht zu überbietende Satz eines protestantischen Theologen, Atheismus sei die kultivierte Form des Autismus, den ich wohl nicht weiter kommentieren muss.

22 Dazu trägt sicherlich auch der Vergleich autistischer Kinder mit KZ-Insassen bei, der ja nicht nur von Bruno Bettelheim aufgestellt wurde.

fen, sondern begnüge mich, auf einen Gegenentwurf von Temple Grandin hinzu-weisen[23].

Sind Autisten Menschen?

Mit einer durch Ausgrenzung bestimmten Sozialisation im Hintergrund, stellt sich sehr schnell die Frage, ob man als Autist sich den Menschen zurechnen kann oder nicht. Wie Axel Brauns hatte ich in meiner Jugend die Frage ohne zu zögern mit »nein« beantwortet. Diese Exklusivität des Menschseins korreliert mit dem Erlebnis der eigenen Kindheit als menschenleer, was Axel Brauns in einer Fernsehsendung Ende 2003 mit seinem Satz, »Autismus heißt, es gibt keine Menschen«, prägnant beschrieben hat. So ist es nicht verwunderlich, dass etwa Temple Grandins These, autistische Menschen ähneln in der Art und Weise ihrer Wahrnehmung eher »höhe-ren« Säugetieren als Menschen, von nicht wenigen Autisten als naheliegend emp-funden wird. Ihr Vergleich der kognitiven Arbeitsweise autistischer Gehirne mit der von Computern und der autistischen Wahrnehmung mit der von höheren Säu-getieren hat ebenfalls durchaus eine gewisse Erklärungs- und Ausstrahlungskraft[24]. Auch ich kenne das Gefühl gut, mich mit Tieren (etwa Katzen) und Computern besser verständigen zu können als mit Menschen.

Es ist offensichtlich, dass vielleicht gerade auch der hochgradig funktionale Autismus etwas darstellt, was (nicht-autistische) Menschen provoziert und zur mas-siven Abgrenzung und Abwehr veranlasst. Das hat nicht nur mit den oben be-schriebenen Effekten zu tun, die sich bei der Begegnung unterschiedlicher Ichbe-wusstseinsformen einstellen. Dazu kommt das schwer zu durchschauende Wech-selspiel von Ähnlichkeit und Unterschiedlichkeit, das das Verhältnis zwischen autis-tischen und nicht-autistischen Menschen prägt. Etwas, was vertraut aussieht, aber offensichtlich fremd ist, wirkt auf beide Seiten fast zwangsläufig unheimlich; hätten wir Autisten beispielsweise eine grüne Hautfarbe, wäre vermutlich manches einfa-cher.

Aus der Perspektive autistischer Menschen ist es natürlich auch wichtig, die Hintergründe des gesellschaftlichen Erscheinens hochfunktionaler Autisten im Blick zu haben. Der Mensch erscheint vor dem Hintergrund einer Entwicklung, in der die »Kunst«, Fähigkeiten zu verkaufen, wichtiger geworden ist, als die Fähigkei-ten selbst, der Schein wichtiger als die dahinter liegenden – oft nüchternen – Wirk-lichkeiten, immer weniger als kreatives oder denkendes Wesen, als kommunikati-ves. Mit einer solchen Verlagerung des Menschenbildes entfernen sich Menschen, denen wie Autisten solche Fähigkeiten intuitiv kaum zugänglich sind, zwangsläufig immer weiter von dem, was als »typisch menschlich« angesehen wird. Dies fällt bei hochgradig funktionalen Autisten, die sich äußerlich nicht von »normalen« Men-

---

23 Siehe dazu Peter Rödler: »Geistig behindert – Menschen, lebenslang auf Hilfe anderer ange-wiesen?«. Luchterhand, 2000 und Temple Grandin: »Thinking in Pictures, Expanded Edi-tion: My Life with Autism«. Second Vintage Book Edition. Random House, 2006.

24 Siehe Temple Grandin, Catherine Johnson: »Ich sehe die Welt wie ein frohes Tier«. Ullstein, 2005.

schen unterscheiden, besonders ins Auge, lässt sich aber auch für niedriggradig funktionale Autisten beobachten[25].

Über das »wir«: Ausschließende Anthropologien

Autistische Menschen müssen daher hellhörig werden, wenn Eigenschaften als »typisch menschlich« oder gar »für das Menschsein konstituierend« betrachtet werden, über die sie selbst kaum oder gar nicht verfügen. Es ist einem nicht-autistischen Menschen vermutlich nicht leicht zu vermitteln, wie es sich für einen autistischen Menschen »anfühlt« zu lesen, dass vermeintliche Anthropologen in populärwissenschaftlichen Veröffentlichungen etwa menschliche Kommunikation, insbesondere auch die Kommunikation zu rein sozialen Zwecken, zu etwas erklären, was das Menschsein schlechthin ausmacht.

Die Desintegration autistischer Menschen spiegelt sich aber auch in der Autismusforschung wider. Das bleibt natürlich nicht ohne Folgen für die Autisten, die ihren Autismus als etwas Defizitäres gespiegelt bekommen und ihn als Grund für ihre mangelnde gesellschaftlichen Chancen verstehen sollen: Auch sie begreifen am Ende sich und ihr Autistischsein dann häufig als defizitär. Sie haben oft nicht die Möglichkeit, zu erfahren, dass ihr Anderssein je nach Kontext nicht zwangsweise als Defizit erscheinen muss, sondern sogar ein Potenzial darstellen kann, das sich sehr vorteilhaft für das eigene Leben entfalten kann.

Eine Wissenschaft, die auf Menschenbildern basiert, in denen sich autistische (und natürlich auch andere, als »abweichend« wahrgenommene) Menschen nicht wiederfinden, steht unter einem starken Tautologieverdacht, da ihre Ergebnisse offensichtlich von ihren Vorannahmen geprägt sind. Ganz besonders gilt dies für Vorstellungen, die das »Menschliche am Menschsein« in bestimmten kommunikativen Fähigkeiten sehen, etwa – als Extrembeispiel – in der Fähigkeit zur Täuschung[26]. Alleine die Tatsache, dass es autistische Menschen gibt, widerlegt solche Ansätze, es sei denn, Autisten werden aus dieser Form des Menschseins ausgeschlossen. Insofern stellt Autismus, sicherlich neben vielem anderen, einen Prüfstein für in Humanwissenschaften getätigte Vorannahmen dar.

Besonders deutlich wird die Veränderung von Menschenbildern zu Ungunsten autistischer Menschen bei der Bewertung autistischer Fähigkeiten. Zu Hans Aspergers Zeiten wogen sie im Vergleich zu den Schwierigkeiten der sozialen Integration noch genug, um in seinen Schriften Platz für ihre ausführlichen Beschreibungen zu finden. Asperger war geradezu fasziniert von den ungewöhnlichen Fä-

---

25 Hierzu möchte ich – stellvertretend auch für andere, vergleichbare Veröffentlichungen – die bekannten Bücher Birger Sellins anführen.

26 In Hinblick auf Tiere wird auch die Fähigkeit, andere Tiere zu täuschen, als Indiz für ein Ichbewusstsein gewertet. Diese Fähigkeit setzt eine Vorstellung darüber voraus, was andere denken. Entscheidend ist dabei allerdings, dass diese Fähigkeit sich in der Regel dadurch zeigt, dass sie spontan eingesetzt wird. Ein Lebewesen, was zu täuschen in der Lage wäre, es aber nie täte, weil ihm so eine Handlungsweise unplausibel vorkäme, würde daher als eines gewertet, das über die Fähigkeit zur Täuschung gar nicht verfügt.

higkeiten, die er bei fast allen seiner autistischen Schulkinder entdeckte. Er beschrieb sie nicht nur als Fähigkeiten in einem sehr weiten Spektrum an Bereichen, in den Wissenschaften und der Technik ebenso wie in der Kunst und »Menschenkenntnis«. Davon ist in den heute noch gängigen Diagnosekriterien kaum mehr die Rede. Hier sind sie allenfalls als nutzlose, stereotype oder abwegige »Spezialinteressen« beschrieben. Zugleich werden autistische Fähigkeiten in nichtwissenschaftlichen Kontexten als quasi übermenschliche »Inselbegabungen« überhöht, beispielsweise in dem Film »Rainman« aus dem Jahr 1985. Erst gegen Ende des vergangenen Jahrhunderts rücken autistische Fähigkeiten – ohne die bis dahin typischen Über- oder Unterbewertungen – wieder in das Blickfeld der Autismusforschung, wenn auch nur bei wenigen Autoren[27].

Dass Autismus von nicht-autistischen Menschen im Wesentlichen als Defizit grundlegender menschlicher Fähigkeiten verstanden wird, macht Autisten das Leben in einer nicht-autistischen Welt nicht gerade einfach. Dieser Umstand führt bei nicht wenigen Autisten dazu, eine Art Gegnerschaft zu nicht-autistischen Menschen zu spüren; nicht nur bei den so genannten hochgradig funktionalen Autisten. Einige gehen soweit und wagen die These, dass der Großteil autistischer Symptome alleine auf die Ausgrenzung als Minderheit in Hinblick auf Kommunikations- und Sozialverhalten zurückzuführen sei. Die Wahrnehmung einer solchen Gegnerschaft hat sicher auch damit zu tun, dass sich diese defizitäre Sicht auf bzw. in den Autismus fast ununterscheidbar mit den Ausgrenzungserfahrungen überlagern, die viele Autisten in ihrer Kindheit und Jugend gemacht haben. Das führt in der Tat dazu, dass die meisten Autisten weniger ihr Anderssein als Problem empfinden als die Art und Weise, wie ihre Umwelt damit umgeht. In diesem Sinne korreliert der von Autisten gerne vermiedene direkte Blickkontakt sehr direkt mit einem defizitorientierten Blick ihrer Umwelt auf ihr Autistischsein[28].

Es bleibt natürlich nicht aus, dass sich diese Verschiebung der Bedeutung von Fähigkeiten auch in den Wissenschaften niederschlägt. Es finden sich erstaunlich wenige Untersuchungen, die ein eher realistisch anmutendes Bild autistischer Stärke-Schwäche-Verteilungen zeichnen, anstatt sich nur auf die Schwächen zu konzentrieren. Das Fehlen der heutzutage so populären Fähigkeiten, sich oder etwas verkaufen zu können, teamfähig und kommunikativ zu sein, oder »Smalltalk« führen zu können, wiegt offenbar aus der Sicht von Außenstehenden umso mehr, je wichtiger sie angesehen werden. Stärken, die autistische Menschen dagegen vorweisen können, treten dagegen in den Hintergrund. Daher verwundert es nicht, dass die Autismusforschung in weiten Teilen die Schwächen autistischer Menschen im Visier hat und nicht ihre Stärken. Das vermittelt aber ein Autismusbild, das vergleichbar einseitig daherkommt, wie sein mythisches Gegenbild, das von Savants oder »kleinen Einsteins« mit übermenschlich anmutenden Fähigkeiten.

---

27 Siehe etwa Tony Attwood: »Ein ganzes Leben mit dem Asperger-Syndrom. Alle Fragen – alle Antworten«. Trias, 2008.

28 Sowohl die neuere Forschung als auch viele Erfahrungsberichte autistischer Menschen legen den Schluss nahe, dass von vielen Autisten direkte Blickkontakte als unangenehm empfunden werden.

Menschen sind unterschiedlich – nicht nur autismusbedingt – und leben in verschiedenen Aspekten in unterschiedlichen Welten. Autistische und nicht-autistische
Menschen leben vornehmlich kommunikativ und damit auch sozial in unterschiedlichen Welten, was dann zu einem wirklichen Problem wird, wenn Kommunikation
eine so grundlegende Rolle spielt wie heutzutage; vor allen Dingen auch, wenn die
soziale Position, die man erlangen kann, entscheidend mit den eigenen Fähigkeiten
in sozialer Kommunikation zusammenhängt. Eine derartig geprägte Umwelt ist naturgemäß außerordentlich konfliktträchtig, nicht nur für Autisten. Sie ist ein guter
Nährboden für allerlei Vorurteile gegenüber Menschen, die in einem solchen Kontext auffallen und sich gut als Spiegel eignen, der das widerspiegelt, was man an sich
selbst nicht sehen mag.

Autismus im Spiegel der Autismusforschung

In der Forschung stellt alleine schon die Vielfältigkeit eine Herausforderung dar,
die innerhalb der autistischen Bevölkerung besteht. Es zeigen sich dabei nicht nur
graduelle Unterschiede etwa zwischen einem nicht-sprechenden Menschen, dem
frühkindlicher Autismus diagnostiziert wurde, und einem hochbegabten Asperger-
Autisten, sondern auch zum Teil sehr unterschiedliche Ausprägungen der einzelnen
Symptome: Die einen erleiden so häufig einen »Overload« durch Wahrnehmungs-
überforderung, dass sie an vielen Aspekten des gesellschaftlichen Lebens gar nicht
teilnehmen können, die anderen kennen so etwas nicht. Die einen beschäftigen sich
fast ausschließlich mit ihren Spezialinteressen oder Routinen, andere so gut wie gar
nicht. Eine derartige Aufzählung ließe sich noch lange weiter führen; nicht umsonst
bedarf es der Erfahrung mit vielen Autisten, um verlässliche Diagnosen durchfüh-
ren zu können. Noch in den Achtzigerjahren muss etwa Uta Frith einiges an Ar-
gumenten ins Feld führen, um darzulegen, dass die Fülle der autistischen Symptome sich tatsächlich zu einem Syndrom (in diesem Fall dem Asperger-Syndrom) zu-
sammenfügt[29].

In der Genetik beispielsweise gilt zwar als ziemlich gesichert, dass Autismus
weitgehend erblich bedingt ist, aber bereits in der Frage, welche Chromosomen in
welchem Maße an der Ausprägung des Autismus beteiligt sind, finden sich keine
einheitlichen Einschätzungen mehr. Insbesondere auch zur Rolle des X-Chro-
mosoms nicht, sodass seine Beteiligung an der Erblichkeit des Autismus als das
Einzige erscheint, worüber man sich wenigstens einigermaßen sicher sein kann,
wofür die 4:1-Verteilung auf die beiden Geschlechter als Indiz gewertet werden
könnte. Es gilt mittlerweile als gesichert, dass in den allermeisten Fällen bei der
Vererbung von Autismus polygenetische Faktoren eine Rolle spielen[30]. Obendrein

---

29 Uta Frith, 1991.

30 Siehe als Beispiel für eine große Menge an Literatur dazu Renate Scheppler: »Tiefgreifende
Entwicklungsstörungen«. In: Anke Rohde, Andreas Marneros: »Geschlechtsspezifische
Psychiatrie und Psychotherapie. Ein Handbuch«, Kap. 22. Kohlhammer, 2006. »Polyge-
netisch« bedeutet hier, dass eine Veerbung das Zusammentreffentreffen verschiedener
Ursache auf mehreren Genen notwendig ist.

scheinen diese Faktoren individuell zu variieren, ohne dass sich diese Variationen phänotypisch etwa einzelnen Symptomen zuordnen ließen.

Ein ähnliches Bild ergibt sich aus neurobiologischer Sicht. Bereits bei einzelnen Untersuchungen zeigen sich zwar im Mittel durchaus Befunde, die in Einklang mit autistischen Symptomen stehen, aber in der Regel auch recht große individuelle Abweichungen. Die Ergebnisse liegen oft nicht weit von der Signifikanzgrenze entfernt. Auch übergreifend betrachtet gibt es hier eine Fülle unterschiedlicher Befunde, die alle mit Autismus etwas zu tun zu haben scheinen, aber auch große Unterschiede in der Deutlichkeit ihrer Ausprägungen zeigen. Als Tendenz lassen sich einige spezifische Merkmale autistischer Gehirne feststellen, beispielsweise in der Amygdala, im Gyrus fusiformis, im Spiegelneuronensystem, in der Dichte der synaptischen Verbindungen, in der Integration der beiden Hirnhälften und einigem mehr. Auf individuelle Gehirne bezogen stellen sich diese spezifischen Merkmale allerdings in einer sehr breiten Variation dar.

Zu diesem schwer zu fassenden Bild kommt die Tatsache, dass Autismus in der Regel mit deutlich erkennbaren Stärken einhergeht. Somit passt zumindest der hochgradig funktionale Autismus nicht so richtig in das Bild einer Behinderung. Weder eine Behinderung, noch eine Krankheit stellt er ein Anderssein dar, welches sich einer Einordnung in Kategorien beharrlich widersetzt. Im Englischen wird daher gerne das Wort »condition« verwendet, das ein solches, unbewertetes Anderssein treffend ausdrückt. Tatsächlich muss aber Autismus als eine gegenüber einer als Norm angenommenen Skala verschobene Stärke-Schwäche-Verteilung verstanden werden.

Sowohl aus wissenschaftlicher Sicht, als auch aus einer individuellen Perspektive als »Betroffener« ist es keineswegs trivial, Autismus in seiner Vielfalt an Symptomen und in seiner Unterschiedlichkeit zu verstehen. Aus der Sicht derjenigen Menschen, die mittelbar oder unmittelbar mit ihm zu tun haben, zeigt sich Autismus als etwas schwer Fassbares, als ein Phänomen, das Fragen stellt, auf die es keine einfachen Antworten gibt. Dadurch werden in der Auseinandersetzung mit dem Autismus die Komplexität und die Zusammenhänge genetischer, neurobiologischer, sozialer und psychologischer Zusammenhänge überhaupt deutlich. Auf diese Weise eröffnet sich der Autismusforschung innerhalb der Humanwissenschaften die Chance, eine Wissenschaft zu sein, die sich (allzu) einfacher Antworten verweigert.

Die historische Natur der Empathie

1985 wurde erstmals eine Studie veröffentlicht, die nahelegt, dass Autisten nicht über eine »Theory of Mind« verfügen[31]. In den folgenden Jahren wurden ähnliche

---

31 Simon Baron-Cohen, Alan M. Leslie und Uta Frith: »Does the autistic child have a ›theory of mind‹?«, Cognition, 21, 37–46, 1985. Diese Untersuchung basiert auf dem »Sally-and-Anne«-Test; die Aussagekraft der Untersuchung ist allerdings recht begrenzt und nicht unumstritten. Siehe hierzu auch Uta Frith: »Mind Blindness and the Brain in Autism.« In: Neuron 32: S. 969–979, 2001.

Studien veröffentlicht, die ähnliche Ergebnisse zeigten. Die Neigung Simon Baron-Cohens seine Thesen durch Verkürzung spektakulär erscheinen zu lassen hat zur Bekanntheit dieser Studien über wissenschaftliche Kreise hinaus beigetragen. Dennoch zeigt sich die Wirklichkeit auch hier wesentlich komplexer, als solche Studien suggerieren. Die Kritiken an der Interpretation dieser Studien sind bis heute nicht ausgeräumt und der Zusammenhang zwischen Autismus und Theory of Mind nicht geklärt. So zeigen neuere Arbeiten, dass die Frage, ob Autisten über eine Theory of Mind verfügen, nicht nur in starkem Maße kontextabhängig ist, sondern auch Verhaltensweisen, die auf eine vorhandene Theory of Mind schließen lassen, erlernt werden können.

Die Theory of Mind knüpft an den Begriff der Empathie an, der seit Ende der 1960er Jahren in den humanwissenschaftlichen Diskurs Eingang erhalten hat. Der Begriff selbst wurde in der heute verwendeten Form 1906 von dem Freud Schüler Theodor Lipps geprägt und von Carl Rogers 1957 aufgegriffen[32]. Er war von Anfang mit der Schwierigkeit behaftet, sehr unterschiedliche Aspekte zusammenzuführen. Ab den 1980er Jahren wurden in der Regel zwei Bereiche unterschieden, die »affektive« Empathie, die am ehesten so etwas wie Mitgefühl oder Mitfühlen bezeichnet, und die »kognitive« Empathie, die als eine kulturell geprägte Fähigkeit, anderer Menschen mentale Zustände intuitiv zu erfassen, in der Nähe der Theory of Mind zu finden ist. Später, etwa ab der Jahrtausendwende, wurden weitere Aspekte der Empathie unterschieden, etwa die »motorische« Empathie, die im Kontext der Spiegelneuronenforschung relevant ist, oder die »narrative« Empathie in der Sozialforschung.

Die Bedeutung, die der Empathie im gesellschaftlichen Leben zugemessen wird, hat so sehr zugenommen, dass Empathiefähigkeit als eine grundlegend menschliche Fähigkeit angesehen wird. Daher wiegt die These, Autisten seien nicht oder nur eingeschränkt empathiefähig, sehr schwer. Dabei trifft diese These, wenn überhaupt, nur auf bestimmte Aspekte der kognitiven Empathie zu, wird aber in ihrer unzulässigen Verallgemeinerung gerne mit der Erfahrung vermischt, dass gerade auch in Hinblick auf Gestik und Mimik autistische Menschen oft nicht wie gewohnt und erwartet kommunizieren[33]. Wie bereits im Zusammenhang mit der Theory of Mind, ist die Frage, in wie fern sich autistische und nicht-autistische Menschen in ihrer Fähigkeit zur kognitiven Empathie unterscheiden, als eine offene Frage zu sehen.

Zieht man aus der Behauptung, Autisten mangele es an Empathie und Fähigkeit zur Mentalisierung, den Umkehrschluss, nämlich dass (nicht-autistische) Menschen in besonderer Weise zu beidem befähigt wären, mutet diese Behauptung

---

32 Siehe hierzu den Bereich »Empathie« auf Wikipedia. Dort ist auch zu lesen, dass Empathie in seiner ursprünglichen griechischen Bedeutung Voreingenommenheit und Gehässigkeit bezeichnet.

33 Siehe hierzu Isabel Dziobek: »Empathie bei Menschen mit Autismus«. Tätigkeitsbericht des Max-Planck-Instituts für Bildungsforschung, Berlin; Selbständige Nachwuchsgruppe – Neurokognition der Entscheidungsfindung (Heekeren), 2008.

fast schon grotesk an. Kaum jemand wird seine mitmenschliche Umwelt so wahrnehmen, dass sie durch einen besonders empathischen Umgang der Menschen miteinander geprägt wäre. Im Gegenteil: Es ist gerade der zunehmende Mangel an
Empathie und Mentalisierung, was häufig bemängelt wird und dann in der Behauptung gipfelt, die Welt würde »zunehmend autistisch«. Dabei verbirgt sich dahinter
nichts anderes als die Tatsache, dass sich Menschen überhaupt, vielleicht sogar insbesondere nicht-autistische Menschen, durch einen Mangel an »Theory of Mind«
und Empathie auszeichnen. Die Empathiediskussion, die Autisten entsprechende
Fähigkeiten abspricht, findet zu einer Zeit statt, in der auf diskursiver Ebene die
Bedeutung der Empathie überhöht wird und zugleich aber – in Wirklichkeit – gesellschaftliche Verhältnisse sich zunehmend durch einen Mangel an Mitgefühl und
gegenseitigem Verständnis auszeichnen.

Gesellschaften, die mit einer rasanten Geschwindigkeit von Kommunikati-
ons- und Informationstechnologien durchdrungen werden, sind auf nachvollziehbare Weise ganz besonders mit ihren kommunikativen Aspekten befasst. Die öko-
nomische Basis zunehmend vieler Menschen stützt sich auf immer abstrakter er-
scheinende Werte, was sich etwa in der zunehmenden Bedeutung von Werbung
oder den Finanzmärkten widerspiegelt. Abstrakter heißt hier insbesondere, dass
diese Werte ihren Bestand immer exklusiver aus ihren sozialen Bedeutungszusam-
menhängen beziehen. Da hat die Kunst, Dinge anders erscheinen zu lassen als sie
sind, ein besonderes Gewicht[34]. Aber statt die Bedeutung solcher Fähigkeiten vor
ihrem sozialen Hintergründen zu verstehen, werden sie nicht selten sozusagen na-
turalisiert und als grundsätzlich menschliche Fähigkeiten betrachtet. Das führt zu
dem eigenartigen Effekt, dass der Glaube an die außerordentliche Bedeutung
kommunikativer und empathischer Fähigkeiten für das Menschsein in einem sozialen Umfeld umso stärker wird, je mehr es individualisiert und an »sozialem Kitt«
verliert. Autisten haben das Pech, sich in einer Zeit wiederzufinden, in der ihre
Schwächen in vielen Bereichen des kommunikativen Scheins negativ mit einem
vorherrschenden Zeitgeist korrelieren.

Das Fehlen von Ausgrenzungserfahrungen in der Forschung

An neurobiologischen Untersuchungen, die mit autistischen Menschen gemacht
werden, fällt auf, dass in der Regel ein Aspekt, der im Leben vieler Autisten zentral
ist, einfach ausgeblendet wird: Nämlich die Ausgrenzung, die sie oft von Kindheit
an erfahren. Eine Ausgrenzung, die sich dann nicht selten im Versuchsaufbau wiederholt, indem ihnen Eigenschaften zugeschrieben werden, die dazu geeignet sind,
ihnen ihr Menschsein abzusprechen. Autistische Menschen erfahren, in ihrem realen Leben wie auch in Laborsituationen, dass andere Menschen weder in der Lage
sind, ihnen mit Empathie zu begegnen, noch ihre mentalen Zustände zu erfassen.
Gerade aber für Untersuchungen in Feldern wie Empathie oder Theory of Mind

---

34 Hier sollen auf keinen Fall Fragen nach dem Sinn ontologischer Weltbilder aufgeworfen werden. Auch wenn er philosophisch überholt ist, hat der Unterschied zwischen »Sein und
   Schein« gesellschaftlich durchaus eine Relevanz.

wäre es mehr als naheliegend, solche Kontexte mit zu berücksichtigen. Dass dies weitgehend ausbleibt, ist nur schwer nachvollziehbar[35].

Mir selbst war bereits als Kind schon klar, dass die Verhaltensweisen anderer Menschen mir gegenüber nur den Schluss zulassen, dass weder ich ihre Intentionen und mentalen Zustände zu entziffern in der Lage bin, noch sie die meinen. In Bezug auf Mitgefühl und Mentalisierung gab es für mich keinen Unterschied zwischen Menschen, Tieren oder Dingen – sie waren alle gleich weit von mir entfernt; und sind es noch. Das hat den Grund, dass meine inneren Zustände anders funktionieren, vor allen Dingen auch anders mit der Umwelt interagieren, als die der nichtautistischen Menschen. Darin besteht auch der Hauptgrund für die Ausgrenzung, die ich als Kind und Jugendlicher erfahren habe. Empathie und Mentalisierung sind aber beides Dinge, die auf Gegenseitigkeit beruhen und viel mit Kommunikation zu tun haben. Dass solche Schwierigkeiten gegenseitiger Mentalisierung auf einen Mangel an Fähigkeit zur Mentalisierung zugeführt wird, verkürzt die »Theory of Mind« auf einen sehr eng gefassten Aspekt. Dadurch wird vor allen Dingen auch ausgeblendet, dass Mentalisierung und Empathie immer auf einen kommunikativen Kontext bezogen werden muss; auf einen, der gerade im Verhältnis zwischen Autisten und Nicht-Autisten durch Vorurteile und Vorannahmen gestört ist.

Wer Umgang mit autistischen Menschen hat, weiß, dass es Autisten keineswegs an Mitgefühl und Menschenkenntnis mangelt; davon berichten bereits die Fallbeispiele Hans Aspergers in seiner grundlegenden Arbeit aus dem Jahr 1944. Dennoch gibt es ausgesprochen wenige Untersuchungen zur moralischen und sozialen Entwicklung autistischer Menschen, die sich der Komplexität von Empathie und Mentalisierung auch stellen[36]. Es gibt ebenfalls erstaunlich wenige Forschungen darüber, wie sich die schwierigen, von Missverständnissen und Ausgrenzung bestimmten autistischen Sozialisationen auf das soziale Verhalten autistischer Menschen auswirken. Ich begnüge mich hier mit einem Hinweis auf die Unterscheidung von autoritär und kognitiv begründetem Moralbewusstsein bei Henning Böke, der einen recht naheliegenden Gedanken zu Unterschieden zwischen Autisten und Nicht-Autisten im Umgang mit Moral und Autoritäten formuliert. Henning Böke stellt die für mich sehr nachvollziehbare These auf, dass ein Moralbewusstsein bei nicht-autistischen Menschen meist auf Regeln beruht, die auf Grund der Autorität anderer angenommen werden, während Autisten eher dazu neigen, den Sinn der Regeln über den Verstand erfassen zu wollen, bevor sie sie verinnerlichen[37].

---

35 Siehe die sehr schöne und durchdachte Darstellung zu diesem Thema in Morton Ann Gernsbacher: »Toward a Behavior of Reciprocity«. In: Journal of Developmental Processes 1 (2006): 139–152, 2006.

36 Wie es beispielsweise in Dziobek, 2008 oder Uta Frith: »Autism: A very short Introduction«, Oxford University Press, 2008, zu lesen ist.

37 Böke 2008.

Über die Blindheit bildgebender Verfahren

Passend zu einer Entwicklung, in der dem Schein und dem Oberflächlichen eine zunehmende Bedeutung zugemessen wird, erfreuen sich auch in der Neurobiologie bildgebende Verfahren einer großen Beliebtheit[38]. Solche bildgebenden Verfahren bilden in der Wissenschaft gewissermaßen eine Antithese zu analytischen Methoden, die von der grundsätzlichen Mathematisierbarkeit wissenschaftlicher Erkenntnis ausgehen. Sie werden durch die Computertechnologie ermöglicht, in der komplexe und abstrakte Zusammenhänge in intuitiv leichter erfassbare Bilder übersetzt werden. Bildgebende Verfahren scheinen, gemessen an der Zahl neuer Erkenntnisse, die dadurch generiert werden, außerordentlich fruchtbar zu sein.

Besonders fruchtbar scheint auch die Beziehung zu sein, die Autismus und bildgebende Verfahren miteinander eingegangen sind. Nicht nur werden im Kontext der Autismusforschung oft bildgebende Verfahren angewendet, auch wird sich gerne in Neurowissenschaften, in denen solche Verfahren zum Einsatz kommen, auf Autismus bezogen. Sei es, um die Forschung als relevant zu rechtfertigen, oder als Vergleichsskala gegenüber als Norm angenommenen Befunden. Dass dabei manchmal erstaunliche Unkenntnisse in Bezug auf Autismus zu Tage treten, besonders im Kontext der Spiegelneuronenforschung, macht solche Untersuchungen nicht gerade vertrauenserweckend[39].

Während analytische Verfahren durch ihre abstrakten Darstellungsformen der Intuition der Wissenschaftler keinen großen Raum geben, bestechen die Ergebnisse von Forschungen mit bildgebenden Verfahren durch eine intuitive Verständlichkeit, die oft auch wissenschaftlichen Laien zugänglich ist. Allerdings verleitet diese intuitive Zugänglichkeit auch dazu, zu vergessen, dass sich in diesen Bildern sich höchst abstrakte Zusammenhänge darstellen, die oftmals nur mit hohem analytischem Aufwand zu entschlüsseln sind.

Den Vorteil der intuitiven Zugänglichkeit erkaufen sich bildgebende Verfahren mit einem Verlust an Informationen, der durch Projektionen zu Stande kommt. Zum einen werden durch diese Verfahren dynamische Vorgänge auf einzelne Bilder projiziert, die dann den Eindruck vermitteln, etwas Statisches darzustellen. Tatsächlich aber zeigen sich Aktivitäten des Gehirns als sehr dynamisch und veränderlich. In diesen Veränderungen von Aktivitätsmustern zeigt sich auch, dass die einzelnen Zentren der Hirnaktivitäten zu Netzwerken verbunden sind, die das gesamte Gehirn – und sehr wahrscheinlich auch mehr – umfassen. Auch diese Netzwerke

---

38 Mit bildgebenden Verfahren meine ich im Wesentlichen MRT, PET, SPECT und ähnliche, die in der Hirnforschung zum Einsatz kommen.

39 Als Beispiel für eine wirklich unsinnige Studie Jaime Pineda, Vilayanur S. Ramachandran: »Autism Linked To Mirror Neuron Dysfunction«. University Of California, San Diego, 2005. In: Science Daily January 10, 2010. Siehe auch: http://www.sciencedaily.com/releases/2005/04/050411204511.htm. An Stelle von weiteren Negativbeispielen nenne ich hier aber lieber Yvonne Wübben: »Sprache, Empathie, Autismus. Neurowissenschaftler bilanzieren die Spiegelneuronen-Forschung«. literaturkritik.de, Nr. 1, Januar 2010: Schwerpunkt: Natur und Kultur der Gefühle I, 2010.

bleiben in den durch bildgebende Verfahren errechneten Bildern weitgehend unsichtbar. Stattdessen werden einzelne Knoten der Netzwerke als unverbundene Aktivitätszentren dargestellt.

Allerdings täte ich hier den Wissenschaften Unrecht, wenn ich nicht auch darauf hinweisen würde, dass es auch in der Neurobiologie Ansätze gibt, hirnphysiologische Vorgänge auf der Basis von Netzwerken zu verstehen. Sie berücksichtigen, dass Nervenverbindungen im Gehirn keineswegs nur zwischen Nachbarzellen verlaufen, sondern sich durch das gesamte Gehirn erstrecken, wodurch lokalisierenden Ansätze, das heißt Ansätze, die bestimmte Funktionen statisch bestimmten Regionen zuordnen, als fragwürdig erscheinen[40]. Dazu passend modellieren Forschungen, die diesem Umstand versuchen, gerecht zu werden, die Vorgänge im Gehirn als dynamische Systeme[41].

Ein insgesamt sehr kohärenter Forschungsansatz, der daran anknüpft, ist als »Monotropismustheorie« bekannt[42]. Er stammt aus einem Forschungszusammenhang, in dem autistische wie nicht-autistische Forschende beteiligt sind. Dieser Ansatz hat zweifellos ein hohes Potenzial, in unterschiedliche Richtungen ausgebaut werden zu können, sei es neurobiologisch, genetisch, sozialwissenschaftlich oder psychologisch. In jedem Fall verweist er auf einen zentralen Aspekt des Unterschieds zwischen autistischen und nicht-autistischen Menschen, der Unterschiedlichkeit des Aufmerksamkeitsfokusses. Menschen befinden sich in diesem Ansatz innerhalb eines Spektrums, an dessen einen Ende die Aufmerksamkeit scharf auf ihren Gegenstand fokussiert ist, dem andern dagegen diffus und weit gefächert.

Es geht mir nicht darum, die aus bildgebenden Verfahren gewonnenen Erkenntnisse in Frage zu stellen. Ich halte es aber für wichtig, dabei im Auge zu behalten, dass die Evidenz dieser Verfahren mit einem Verlust an Erkenntnis von Zusammenhängen und Dynamiken korrespondieren. Wissenschaftliche Erkenntnis eines Aspektes der Wirklichkeit führt immer auch zu einer Unschärfe eines anderen Aspektes – das gilt nicht nur für bildgebende Verfahren[43]. Bildgebende Verfahren bergen allerdings die Gefahr, durch ihre Evidenzen eine Überzeugungskraft zu ent-

---

40 An dieser Stelle kann man durchaus auch an die von John von Neumann gezeigte grundsätzliche Nichtlokalität kausaler Strukturen denken. Diese besagt, dass, die Gültigkeit der Quantentheorie vorausgesetzt, ein System, in dem das Kausalitätsprinzip gilt, das Prinzip, dass jeder Gegenstand zu einer bestimmten Zeit sich an einem bestimmten Ort befindet, nicht gilt.

41 Siehe Andreas K. Engel, Pascal Fries, Wolf Singer: »Dynamic predictions: oscillations and synchrony in top-down processing«. In: 1. Nat Rev Neurosci. 2001 Oct 2(10): 704–716, 2001.

42 Die dänische Firma »specialisterne« hat beispielsweise ihren Namen (»Die Spezialisten«) mit der Idee verbunden, dass im Gegensatz zur Norm der »Generalisten« Autisten in der Regel »Spezialisten« sind. Siehe zum Monotropismus-Ansatz Wendy Lawson, Mike Lesser, Dinah Murray: »Attention, monotropism and the diagnostic criteria for autism«. In: Autism 9 (2): 139–56, 2005, und auch Attwood, 2008, für einen kurzen Umriss.

43 Die Analogie zur Unschärferelation in der Quantentheorie ist nicht unbeabsichtigt; wieso sollten so grundlegende Erkenntnisse der Physik nicht auch anderswo gelten?

falten, die sich erst bei kritischer Hinterfragung adäquat relativiert. Vorgänge, die mittels solcher Verfahren eine lokalisierende Darstellung erfahren, sind vor allen Dingen nicht mehr transparent für ihre Dynamik.

Aber auch für dynamische Systeme gibt es bildgebende Verfahren, die sich allerdings wesentlich stärker an mathematisch geprägten Modellen orientieren[44]. Sie produzieren Bilder, die – näherungsweise – die Attraktoren solcher Systeme darstellen. So vielfältig wie diese sind, zeigen sich auch die unterschiedlichsten Attraktoren in Bildern, die oft eher eine künstlerisch anmutende Ästhetik ausstrahlen als wissenschaftliche Tatbestände. Sie zu verstehen und zu interpretieren, bedarf es durchaus wissenschaftlicher Analyse und vor allen Dingen ein Bewusstsein darüber, was da eigentlich dargestellt wird. Mit Intuition kommt man hier nicht weit. Bildgebende Verfahren und Darstellungen als dynamische Systeme stellen beide unterschiedliche Perspektiven auf neuronale Vorgänge dar. Beide Sichtweisen sind durch einen Horizont begrenzt, in dem sich verschiedene Aspekte des Untersuchten darstellen: Statische und lokalisierende in den »klassischen« bildgebenden Verfahren, dynamische und netzwerkartige in den Darstellungen als dynamische Systeme.

Wichtig ist, die Begrenztheit der Verfahren jeweils zu kennen und zu analysieren, für welche Erkenntnisse welche Verfahren geeignet sind. Im Bereich der Darstellungen als dynamische Systeme steckt die Erforschung des Gehirns noch in den Anfängen. Während »klassische«, das heißt, lokalisierende bildgebende Verfahren leicht Gefahr laufen, den Eindruck zu vermitteln, man wisse über die Vorgänge im Gehirn bereits sehr viel, konfrontiert die Komplexität dynamischer Systeme die Betrachter auf meistens ziemlich ästhetische Weise mit dem ganzen Ausmaß ihrer Unwissenheit. Meines Erachtens ist eine solche Sichtweise dem Forschungsgegenstand Gehirn durchaus angemessen.

Die Perspektive im Horizont dynamischer Systeme geht aber auch mit einem kleinen Paradigmenwechsel einher. Ein lokalisierender Blick auf hirnphysiologische Vorgänge erleichtert eine Auffassung abweichender Aktivitätsmuster als »defizitär«, als wahlweise zu viel oder zu wenig. Ein solches Verständnis wird dann gerne auf Funktionsweisen des Gehirns übertragen. Dagegen macht eine derartige Interpretation in Hinblick auf dynamische Systeme kaum mehr Sinn. Dynamische Systeme sind durch die Menge ihrer Attraktoren bestimmt, die sich ihrerseits sehr voneinander unterscheiden können, ohne dass davon einer besonders ausgezeichnet wäre. Alle stehen sie vielmehr ohne Wertung nebeneinander, einer wie der andere eine Realisierung eben des dynamischen Systems. Eine solche Perspektive legt eher den Schluss nahe, dass ein autistisches Gehirn ebenso wie ein vermeintlich normales Gehirn (und wahrscheinlich noch einige andere) jeweils unterschiedliche Realisationen eines menschlichen Gehirns darstellen[45].

---

44 Siehe Mike J. Lesser, Dinah K. C. Murray: »Mind as a dynamical system: Implications for autism«. Durham conference Psychobiology of autism: current research & practice, 1998; auch auf http://www.autismusundcomputer.de/mind.en.html zu finden.

45 An dieser Stelle sollte ich vielleicht auf einen sehr engen mathematischen Zusammenhang zwischen formalen Sprachen und Fraktalen hinweisen, dass sich »reguläre Sprachen« als

Anregungen

Aus autistischer Sicht ist die Frage, welches Autismusbild sich in der Autismusforschung darstellt, von allerhöchster Brisanz. Aber auch aus wissenschaftlicher Perspektive kann es nur von Vorteil sein, sich immer wieder Rechenschaft über die Grundlagen abzugeben, auf der die Wissenschaft basiert. Hier gilt es meines Erachtens insbesondere, das Dogma zu hinterfragen, es gäbe eine einzige Art und Weise des Menschseins, an der sich alles andere als Variation, als Abweichung, messen muss. Nicht zuletzt weil nicht nur in der Paläontologie immer mehr Erkenntnisse auftauchen, die die Vorstellung von mehreren unterschiedlichen Menschentypen – phänotypisch wie genotypisch – nahelegen, die nebeneinander existieren, ohne dass einer davon besonders ausgezeichnet wäre – außer vielleicht durch die Häufigkeit seines Auftretens.

Dank der modernen Wissenschaften weiß man heute, dass weder natürliche Evolutionslinien noch kulturelle Entwicklungen geradlinig verlaufen. Es wäre verwunderlich, wenn sich die Entwicklung menschlicher Kulturen nicht als etwas Vielschichtiges zeigen würde, als etwas, in dem sich auch Autismus als eine von vielen Aspekten und Perspektiven verstehen lässt. Gerade hochgradig funktionale Autisten kommen gar nicht umhin, sich mit anderen, nicht-autistischen menschlichen Kulturaspekten zu befassen. Umgekehrt stellt die Auseinandersetzung mit autistischen Aspekten menschlicher Kultur mit Sicherheit eine Bereicherung für nichtautistische Menschen dar. Das sollte auch für die Wissenschaften gelten.

In Bildern denken

Als erstes denke ich dabei an eine Denkkultur, die häufig und nicht zu Unrecht autistischen Menschen zugeschrieben wird, dem Denken in Bildern, das viel mehr als ein sprachlich basiertes Denken assoziative Bezüge findet und herstellt[46]. Temple Grandin geht konform mit zumindest einigen neueren Forschungen der Neurobiologie, wenn sie einen wesentlichen Unterschied zwischen Autisten und NichtAutisten darin sieht, dass bei Autisten sprachliche (linksseitige) und visuelle (rechtsseitige) Bereiche des Denkens schärfer getrennt sind, als bei nicht-autistischen Menschen. Während bei letzteren das visuelle, assoziative Denken unmittelbar sprachlich strukturiert und organisiert wird, müssen Autisten oft ihr Denken aktiv in Sprache übersetzen. Das hat den Vorteil eines unmittelbaren Zugriffs auf die bildlichen Gedankeninhalte, aber auch den Nachteil, dass in der Kommunikation der Aufwand einer Übersetzung betrieben werden muss.

Attraktoren unendlicher iterierter Funktionensysteme darstellen lassen; dazu mehr in Henning Fernau: »Iterierte Funktionen, Sprachen und Fraktale«. B.I. Wissenschaftsverlag, 1994. Der Zusammenhang von sprachlichen Strukturen und Fraktalen hat sehr weitreichende Folgen für alle Wissenschaften, die sich sprachlicher Strukturen ja ausgiebig bedienen.

46 Grandin, Temple. »My Mind is a Web Browser: How People with Autism Think.« Cerebrum 2, no. 1 (2000): 14–22.

Zwischen dem Denken in Bildern und sprachlichem Denken gibt es einige grundlegende Unterschiede. Im Bilderdenken erscheinen die betrachteten Phänomene und Zusammenhänge grundsätzlich »schillernd«; je nach Fokus erscheinen unterschiedliche Aspekte des Gedachten scharf oder unscharf. Damit stellt es eine sinnvolle Ergänzung zu einem sprachlich basierten Denken dar, das feste Bezüge benötigt, um zu Erkenntnissen zu gelangen. Als Hypothese ließe sich hieraus das Bedürfnis vieler Autisten nach festen und verlässlichen »Wegmarken« in der äußeren Welt erklären: Während das sprachlich basierte Denken nicht-autistischer Menschen solche Markierungen wie von selbst ständig setzt, sind sie dem autistischen Bilderdenken nicht eigen und müssen aktiv hinzugefügt werden. Die Welt, wie sie sich im Bilderdenken darstellt, ist eine sehr unstrukturierte, in der alles mit allem zusammenhängt; man könnte sie als »holistisch« bezeichnen. Temple Grandin äußert die Vermutung, dass »schwerer betroffene« Autisten, die beispielsweise nicht sprechen, sich von »leichter betroffenen« dadurch unterscheiden, dass es ihnen nicht oder nur sehr wenig gelingt, Marken zu setzen, die ihr bildhaftes Denken strukturieren.

Die Strukturen, die sich – scheinbar wie von selbst – in einer sprachlich erfassten Welt einstellen, kommen natürlich nicht aus dem nichts. Sie repräsentieren kulturelle, historische und gesellschaftliche Strukturen, die, wie ich oben versucht habe darzustellen, durch logische Verschränkungsmechanismen vermittelt werden. Sie wirken auf das Kontinuum der Wahrnehmungen wie Filter, die nicht nur das Bedeutungslose vom Bedeutungsvollen trennen, sondern auch Vorlagen für die Bedeutungsmuster des Wahrgenommenen bilden. Anders als die Welt, die sich im Bilderdenken als Kontinuum von assoziativen Bezügen darstellt, die erst einer Bedeutung zugeführt werden müssen, ist die Welt des sprachlich basierten Denkens von kulturellen und historischen Bedeutungsmustern durchzogen und damit auch gesellschaftlich verankert.

Für die Wissenschaft, wie überhaupt für kulturelles Schaffen, stellt ein Bilderdenken ungeheure Möglichkeiten dar, den Horizont der eigenen Kultur und Geschichte zu überwinden. Vorausgesetzt, es gelingt ihm, sich derartig nachzustrukturieren, dass es kommunizierbar wird. Es ist ein Denken, in dem die eigene Kultur ebenso fremd erscheint wie andere Kulturen, in dem sich daher Bezüge und Zusammenhänge zeigen unabhängig davon, ob sie dem herrschenden Zeitgeist entsprechen oder nicht. Zugleich ist es sich bewusst, dass jede Form seiner Darstellung, insbesondere die einer sprachlichen Fixierung, auch eine Verfälschung beinhaltet.

Sprache, Macht und Computertechnologie

Die Computertechnologie könnte sich zu einem guten Beispiel für eine günstige Verbindung gesellschaftlicher Entwicklung mit autistischen Stärken entwickeln. Zweifellos ist die Verbreitung autistischer Netzwerke und Selbsthilfestrukturen etwa seit der letzten Jahrtausendwende dem Internet und der Computertechnologie zu verdanken. Computer erfordern offenbar Kommunikationsformen, die autistischen Menschen entgegen kommen. Es bedarf hierzu nicht vieler Überlegungen,

um einzusehen, dass das entscheidend mit dem Wegfallen informeller und non-
verbaler Kommunikationsaspekte im Umgang mit dieser Technologie zu tun hat.
Computer verweigern sich – ähnlich wie in der Tendenz auch Autisten – einer semantischen Verschränkung, wie ich sie oben beschrieben habe. In Bezug auf ihre
Interaktion mit dem davor sitzenden Ichbewusstsein spiegeln sie direkt, leer, und
wirken so quasi als psychoanalytische Maschinen.

Die allermeisten Menschen spüren, wie die Computertechnologie mit ihrer
ichlosen Kommunikation das soziale Gefüge grundlegend verändert, in dem sie leben[47]. Auch das ist vielleicht ein Grund dafür, dass das semantische Spiegeln als
etwas, was in deren Kommunikation mit Maschinen fehlt, als für das Menschsein
konstituierend überhöht wird. Tatsächlich erweisen sich eher autistische Bewusstseinsformen mit ihrer spiegelfreien Semantik als überaus kompatibel in Hinblick
auf Interaktionen mit Computern. Deswegen stellen computerisierte Kommunikationsformen für nicht wenige autistische Menschen eine echte Erleichterung dar.
Das wird noch dadurch verstärkt, dass bei schriftlichen Kommunikationen die Geschwindigkeit besser kontrolliert werden kann als bei mündlichen. Elektronische
Datenvernetzung haben mit ihren Technologien weite Bereiche traditionell mündli-
cher Kommunikation eine neue, schriftliche Form gegeben, etwa durch E-Mail, In-
ternet-Chats oder SMS.

In diesem Zusammenhang sollte nicht unbeachtet bleiben, dass viele autistische Menschen mehr als wohl üblich Sprache als Mittel der Macht erfahren[48]. Es
gibt nicht wenige autistische Menschen, die hierin die Gründe für ihre Hemmungen
zur Kommunikation sehen. Aus autistischer Perspektive setzen Menschen häufig
Sprache zur Manipulation anderer ein; bei Menschen, denen ein solcher Umgang
mit Sprache eher fremd ist, kommt dabei die Befürchtung auf, selbst manipuliert zu
werden, und dieser Manipulation hilflos ausgesetzt zu sein. Entgegen der These,
dass Autisten nicht für nonverbale Kommunikationsformen empfänglich seien,
würde ich vermuten, dass zumindest viele von ihnen solchen Kommunikationsas-
pekten gegenüber sehr sensibel sind. Wohl auch deswegen, weil diese nicht unbe-
wusst wirken, sondern – zumindest in Teilen – bewusst wahrgenommen und analy-
siert werden.

Die Sensibilität gegenüber der Sprache als Mittel zur Ausübung von Macht
geht mit dem Gefühl einher, sich gegen »machtvolle« Sprache, wie beispielsweise
Manipulationen oder auch verwirrender, emotional gefärbter Sprache, nur unzureichend schützen zu können. Auch das ist ein Grund, sich von Orten, in denen bestimmte Kommunikationsformen gepflegt werden, fern zu halten. Die Sprache ist
aber auch genau das Medium, in dem Wissenschaften stattfinden, in dem sie Erkenntnisse gewinnen und darstellen. Dabei geht es nicht nur um die Macht, bei-

---

47 Sibylle Krämer hat den schönen Satz geprägt, dass Formeln keine Geschichten erzählen; ana-
   log sprechen Computer auch nicht von ihrer Biographie. Siehe: Sybille Krämer: »Symboli-
   sche Maschinen. Die Idee der Formalisierung in geschichtlichem Abriss«. Wissenschaftliche Buchgesellschaft, 1988.

48 Grandin 2000.

spielsweise implizit oder explizit zu definieren, was als »menschlich« gilt und ob sich Autisten dazurechnen dürfen oder nicht. Von autistischen Menschen gefürchtet und sicherlich auch präsent ist der wissenschaftliche Blick, der Symptome festlegt, Kommunikationsverhalten beurteilt, Stereotypien findet und so weiter.

Aus meiner Perspektive erscheint es sehr denkwürdig, dass sich die von mir und anderen Autisten erfahrene hohe, eigentlich übermäßig hohe, Sensibilität gegenüber Kommunikationssituationen sich in der These widerspiegelt, Autisten seien nicht empathiefähig oder hätten keine Theory of Mind, die in den 1980er Jahren aufgekommen war. Obschon sich diese These so pauschal inzwischen als nicht wissenschaftlich haltbar erwiesen hat, erfreut sie sich nach wie vor einer ziemlichen Popularität[49]. Insbesondere im Umfeld der Spiegelneuronen-Diskussionen hält sich diese These ungewöhnlich hartnäckig. Im Kontext aktueller Autismusforschung setzt sich aber zunehmend die Einsicht durch, dass diese These aus wissenschaftlicher Sicht nicht nur fragwürdig ist, sondern auch ein Hindernis für die weitere Erforschung darstellt. Die Deutung von empathiebezogenen Irritationen in der Kommunikation zwischen Autisten und Nicht-Autisten als fehlende Empathie verstellt den Blick auf die Ursachen dieser Irritationen. Um die zu verstehen, muss die von vielen Menschen als »normal« empfundene Form der zwischenmenschlichen Interaktion als eine von mehreren möglichen gesehen werden.

Abschließend möchte ich noch auf einen Aspekt der wissenschaftlichen Entwicklungen in den letzten Jahrzehnten hinweisen, der in seiner Bedeutung wohl nicht hoch genug eingeschätzt werden kann: Das Verschwimmen der Grenzen zwischen Natur und Kultur. Dabei spielt die Entdeckung epigenetischer Effekte eine Schlüsselrolle, die Mechanismen aufzeigen und erklären können, auf welche Weise kulturelle Gegebenheiten sozusagen direkt in die genetische Natur der Menschen eingreifen. Hier schließt sich bildlich gesprochen der große Bogen schriftsprachlicher Evolutionen, in dem sich nur erahnen lässt, wie sehr Menschen durch ihre Kultur in das eingreifen, was sie sind. Welche Auswirkungen dabei etwa die Computertechnologie haben wird, wird sich noch zeigen müssen. Aber es deutet sich bereits an, dass diese Auswirkungen sehr umfangreich sein werden; vielleicht ziehen sie auch ein Bewusstsein dafür nach sich, dass Menschsein und Bewusstsein weit mehr bedeuten kann, als von vielen bislang noch angenommen wird.

Die eigene Perspektive

Autistische Denkkultur ist auch durch ihre Marginalisierung als Minderheit geprägt. Der Umstand, in einer Welt zu leben, die voll ist von Selbstverständlichkeiten, die sich einem zum Teil nur schwer vermitteln lassen, fördert – zumindest in der Tendenz – eine Kultur des Hinterfragens. Üblicherweise haben Menschen dabei ihren Bezugspunkt in ihrem sozialen Umfeld, während ihn Autisten eher in sich selbst finden – oder auch gar nicht.

---

49 Zum Thema Theory of Mind und Autismus siehe den Aufsatz »What could possibly explain autism?« von Jil Boucher in Peter Carruthers, Peter K. Smith (Ed.): »Theories of theories of mind«, Cambridge University Press, 1996.

Für hochgradig funktionale Autisten bin ich auch darin nicht untypisch, dass ich mich in der Welt der (nicht-autistischen) Menschen in einem Selbstverständnis als Forschender bewege[50]. Das ist eine direkte Folge des Empfindens, nicht in diese Welt der Menschen zu gehören – und auch selbst einer anderen Spezies als der menschlichen anzugehören. Autisten und Autismusforscher begegnen sich so beide als Forschende, die versuchen, mittels rationaler Analyse die Fremdheit zwischen ihnen zu überwinden.

Auf beiden Seiten eröffnet der Bezug auf die eigenen Erfahrungen und auch auf die eigene Motivation Perspektiven auf Aspekte des Erforschten, die ansonsten hinter dem Horizont der eigenen Vorannahmen und Modelle verborgen geblieben wären. Erstaunlicherweise wird dieser Umstand in den Wissenschaften oft außer Acht gelassen, obwohl gerade in den Naturwissenschaften – bis hin zur Physik – das Fehlen solcher Perspektiven als Erkenntnislücke immer deutlicher wird[51].

Auch in der Autismusforschung wäre es verwunderlich, wenn sich nicht durch eine Einbeziehung der Perspektive und Haltung der Forschenden entscheidende Erkenntnisforschritte möglich wären. Erkenntnisse, die dann nicht mehr nur Erkenntnisse über Autisten wären, sondern auch Erkenntnisse über sich selbst, als Forscher. Vielen Autisten ist dieser Gedanke naheliegend, weil sie viel weniger Möglichkeiten haben, die Perspektiven der »normalen«, nicht-autistischen Welt zu ignorieren.

Da ein Großteil der Autismusforschung mit Kommunikation und zwischenmenschlicher Interaktion zu tun hat, ist für sie der Perspektivwechsel besonders wichtig. Kommunikation und Interaktion sind durch und durch reziprok. In dem Kommunikationsverhalten beispielsweise, das an autistischen Versuchsteilnehmern erforscht wird, spiegelt sich immer auch das Kommunikationsverhalten der beteiligten Wissenschafter wider. Hier gibt es grundsätzlich keinen »neutralen« Standpunkt. Und wie ich oben dargestellt habe, spiegelt es sich mit einiger Wahrscheinlichkeit in einer ganz anderen Weise wider, wie es Nicht-Autisten intuitiv erwarten würden. Im schlimmsten Fall führt dies zu Thesen, wie die der Empathielosigkeit autistischer Menschen, worin in Wirklichkeit nichts anderes zum Vorschein kommt als die Art und Weise, in der sich die Forscher in ihren Versuchsanordnungen inszenierten.

Durch solche nicht reflektierte Effekte spiegeln sich leider nicht selten in der Autismusforschung die Vorurteile wider, denen autistische Menschen in ihrer nicht-autistischen Welt alltäglich begegnen. Durch ihr Gewicht als Wissenschaft trägt die Forschung dann nicht unwesentlich dazu bei, solche Vorurteile zu bewahren.

---

50 Temple Grandin: »Ich bin die Anthropologin auf dem Mars. Mein Leben als Autistin«. Droemer Knaur, 1997.

51 Wie es beispielsweise in der Quantentheorie zum Ausdruck kommt, die die Beobachterperspektive als Größe miteinbezieht. Alleine wegen der Unmöglichkeit, beide Perspektiven vollständig aufeinander abzubilden, wird es auch in der Physik nie eine einheitliche Theorie geben.

Ein Plädoyer zum Schluss

Für die meisten autistischen Menschen spielt die Erfahrung der sozialen Ausgrenzung eine zentrale Rolle in ihrer Biographie. Nicht wenige würden sagen, dass dieser der Aspekt ihres autistischen Lebens die größte autismusbezogene Minderung an Lebensqualität darstellt. Die Erwartung, die Autisten an die Autismusforschung haben, ist daher die, dass sie genau daran etwas ändert, beispielsweise, indem sie aufklärt und dadurch Vorurteile beseitigt. Wo immer sich autistische Menschen zu Wort melden, äußern sie, dass sie keineswegs vom Autismus »geheilt« werden wollen, sondern, wie alle anderen auch, ihren Platz in der Mitte der Gesellschaft – als Autisten. Eine autistengerechte Welt wäre auf jeden Fall eine Welt, die ein höheres Maß an Toleranz gegenüber unterschiedlichen Formen des Menschseins kultiviert.

Umgekehrt kann gerade auch die Auseinandersetzung mit dem Phänomen Autismus eine Quelle tiefer und wertvoller Einsichten in die »Natur« des Menschen sein. Allerdings nur dann, wenn sie es schafft, sich von Vorannahmen und Vorurteilen frei zu machen, die zu eng sind, um Autismus wirklich fassen zu können. Aber davon werden letzten Endes beide Seiten profitieren können: Die Autisten, indem ihnen mehr Möglichkeiten in die Hand gegeben werden, ihre sozialen Situationen zu verbessern, und die Forschung, der sich durch ein adäquates Grundverständnis höchst interessante Felder erschließen.

Anschrift des Verfassers: Hajo Seng
Beckstr. 4, 20357 Hamburg
Email: hajoseng@yahoo.de

* * *

Barbara Michel

Überlegungen zu Bedingungen der Identitätsentwicklung von Menschen mit Autismus-Spektrum-Störungen (ASS)

Der Zusammenhang der Möglichkeiten eines Menschen zu sozialer Interaktion bzw. Kommunikation und seiner (Identitäts-)Entwicklung ist ein sehr weites, interdisziplinär bearbeitetes und in Bezug auf die Zusammenführung der gewonnen Erkenntnisse ein selbst noch in Entwicklung befindliches Feld im Gesamt der Auseinandersetzung mit Entwicklungsfaktoren und -prozessen der Selbst-Werdung menschlichen Lebens. Allerdings scheint mir dieser Zusammenhang ein wichtiger Baustein für mögliche Erklärungen der Auffälligkeiten zu sein, welche für Menschen mit Autismus-Spektrum-Störungen im Bereich ihrer kommunikativen und sozialen Kompetenzen definitionsgemäß als typisch gelten. Für meine Überlegungen greife ich in wesentlichen Punkten auf die Studie *Vorgreifende Anerkennung – Zur Subjektbildung in interaktiven Prozessen* von Friederike Werschkull zurück. Sie versucht aufzuzeigen, »dass menschliche Subjektwerdung nicht unabhängig von soziokulturellen Verhältnissen verstanden werden kann« (Werschkull 2007, S. 183) und beruft sich auf die ressourcentheoretische Perspektive von Keupp et al.

»Die Qualität der erreichbaren Handlungsfähigkeit hängt entscheidend von den Ressourcen der Person ab, von den individuellen, subjektiven Ressourcen wie auch von den materiellen, sozialen und kulturellen Ressourcen, die ein Subjekt für seine Identitätsarbeit zu mobilisieren vermag. Was nützt die Zunahme biographischer Optionen und der möglichen Versionen des Selbst, wenn den Subjekten die ökonomischen, sozialen, kulturellen und individuellen Ressourcen fehlen, um aus den Möglichkeiten Wirklichkeiten zu machen? Diese Ressourcen haben für die Identitätsarbeit eine doppelte Funktion: Sie sind Energien und Orientierungen, sind Mittel und Ziele, Instrumente und Instruktionen« (Keupp et al., zit. nach Werschkull 2007, S. 42).

Als wesentliche Ressource für die Identitätsarbeit[1] benennt Werschkull die Anerkennung und zieht zur Begründung Ausführungen von Taylor heran: »Die These lautet, unsere Identität werde teilweise von der Anerkennung oder Nicht-Anerkennung, oft auch von der Verkennung durch die anderen geprägt, so dass ein Mensch oder eine Gruppe von Menschen wirklichen Schaden nehmen, eine wirkliche Deformation erleiden kann, wenn die Umgebung oder die Gesellschaft ein einschränkendes, herabwürdigendes oder verächtliches Bild ihrer selbst zurückspiegelt. Nichtanerkennung oder Verkennung kann Leiden verursachen, kann eine Form

---

1 Werschkull gibt in ihrer Studie zu bedenken, dass die Begriffe »Subjekt«, »Selbst« und »Identität« sich durch einen sehr unüberschaubaren, uneinheitlichen und inkonsistenten Gebrauch innerhalb der psychologischen, sozialwissenschaftlichen, philosophischen und theologischen Ansätze auszeichnen Werschkull 2007, S. 29). In diesem Beitrag wird »Identität« wie auf S. 2 definiert verstanden und der Begriff »Selbst« im Sinne einer organisierten Persönlichkeit, ohne auf eine bestimmte Theorie des Selbst Bezug zu nehmen (z.B. von Stern, Mead).

von Unterdrückung sein, kann den anderen in ein falsches, deformiertes Dasein einschliessen« (Taylor, zit. nach Werschkull 2007, S. 43/44).

Allerdings stellt sich die Frage, wie man sich die Wirkung der Anerkennung auf die Ausbildung bzw. Weiterentwicklung der Identität vorstellen kann. Werschkull (ebd., S. 184) gibt zu bedenken, »dass die Bedeutung der sozialen Anerkennung für das Selbstverhältnis des Individuums nur im Kontext der konkreten Identitätsarbeit angemessen zu beschreiben ist. Die soziale Ressource der Anerkennung kann nur im Zusammenspiel bestimmter Handlungskompetenzen sowie kognitiver und emotionaler Voraussetzungen erschlossen und in die evaluative Haltung der Selbstschätzung transformiert werden. Es gibt keine einfache-lineare Überführung von ›äußerer‹ in ›innere‹ Bewertung, sondern nur komplex vermittelte Verhältnisse der Entsprechung, Diskrepanz und Transformation.«

Identität soll hier nach Keupp et al. verstanden werden als »das individuelle Rahmenkonzept einer Person, innerhalb dessen sie ihre Erfahrungen interpretiert und das als Basis für alltägliche Identitätsarbeit dient« (Keupp et al., zit. nach Werschkull 2007, S. 183). Dieses individuelle Rahmenkonzept ist nach Werschkull nicht als verfestigte Eigenschaft, sondern als ein offener Prozess zu denken, es ist »keine sich gesellschaftlich-kulturell ereignende Selbstverständlichkeit, sondern (...) durch menschliche Tätigkeit herzustellen« (Werschkull 2007, S. 37). Als Zweck dieses Prozesses ist die »Herstellung von Passungsverhältnissen zwischen äußeren Anforderungen und eigenen Lebensentwürfen sowie zwischen vergangenen und gegenwärtigen Erfahrungen und zukunftsbezogenen Erwartungen« (ebd., S. 41) anzusehen. Für den Prozess der Identitätsbildung sei zu bedenken, dass er nur unter der Voraussetzung bestimmter Bedingungen gelingen kann, die das Individuum nicht allein herstellen kann. Die Entwicklung des Selbst gelingt nicht ohne den anderen – »der Mensch wird am Du zum Ich« (Buber 1997, S. 32).

Der Begriff der Anerkennung soll in diesem Zusammenhang definiert werden als eine wesentliche Bedingung, welche für die Entwicklung der Identität notwendig ist. Honneth (1994) benennt als Formen wechselseitiger Anerkennung emotionale Zuwendung (Liebe), rechtliche Anerkennung (Recht) und solidarische Zustimmung (Solidarität) und beschreibt deren Zusammenhang mit der Identitätsbildung wie folgt: »[D]ie Individuen werden als Personen allein dadurch konstituiert, dass sie sich aus der Perspektive zustimmender oder ermutigender Anderer auf sich selbst als Wesen zu beziehen lernen, denen bestimmte Eigenschaften und Fähigkeiten positiv zukommen. Der Umfang solcher Eigenschaften und damit der Grad der positiven Selbstbeziehung wächst mit jeder neuen Form von Anerkennung, die der einzelne auf sich selbst als Subjekt beziehen kann« (S. 277f.). Nur das Erfahren von Anerkennung führe zu den positiven Selbstbeziehungen, welche angstfreie Umgangsweisen mit sich selber erlauben würden (S. 279).

Anerkennung, auch die meines eigenen Daseins, setzt jedoch bestimmte Wahrnehmungsleistungen und kognitive sowie evaluative Kompetenzen voraus, die nicht von Anfang an gegeben sind (Werschkull 2007, S. 85). Dies wirft Fragen auf.

Zur Bedeutung von Anerkennung für die Entwicklung des Selbst

Entwicklungspsychologische Theorien[2] versuchen Antworten auf die Fragen zu geben, wie sich menschliche Kompetenzen in den Bereichen Wahrnehmung, Handeln und Kommunikation erweitern und dadurch die Möglichkeiten des Individuums gesteigert werden, sich mit der Umwelt auseinanderzusetzen. Der Zuwachs von Selbstbewusstheit, -bestimmung, Symbolisierungs- und Mentalisierungsfähigkeit spielt dabei eine bedeutende Rolle. Wenngleich sich die Entwicklungstheorien bzgl. dieses Themas in wesentlichen Prämissen unterscheiden können, dürften folgende Annahmen allen nachfolgend angesprochenen zugrunde liegen: 1. Dem Prozess der Identitätsbildung liegt kein Reifungsprozess im rein biologischen Sinne zugrunde, sondern die Auseinandersetzung mit einem Gegenüber, welches selbst bereits einen gewissen Entwicklungsstand bzgl. seiner eigenen Identitätsbildung erreicht hat; 2. Entwicklungsprozesse verlaufen nicht in vorgegebenen, linearen Bahnen, sondern vielmehr in Gestalt zyklischer Prozesse; 3. Es ist nicht das Ziel, dass das Individuum sich zu einem autonomen Wesen entwickelt, welches vollkommen unabhängig von der Begegnung mit anderen Menschen wäre. Eher könnte man es sich wohl so vorstellen, dass die Rollenverteilung und die Verantwortung für den jeweils anderen in den Begegnungen zweier entwickelter Identitätsträger eine andere geworden ist und das Niveau und die Komplexität der Austauschmöglichkeiten sich verändert haben. Die Begegnung mit anderen verliert nicht ihre anerkennende Bedeutung für die sich Begegnenden, denn die Rückversicherung meiner selbst durch den anderen erlaubt mir letztlich zu mir selbst Vertrauen haben zu können.

Was aber ist zu Beginn des Lebens an einem Säugling anerkennungswürdig? Auf diese Frage findet Sommer folgende Antwort: »Noch die physische Ereignisfolge, dass die beim Trinken verschluckte Luft sich im Magen versammelt, durch die Speiseröhre nach oben steigt und aus einer Öffnung im Gesicht hörbar den Organismus verlässt: noch dies bringt dem Säugling, als sei es seine Tat, Worte der Anerkennung ein. Wenn man so beobachtet, wie schon das, was zum puren Stoffwechsel gehört, etwa schlechtes Trinken, gute Verdauung oder schnelles Wachstum, einem ›kaum geborenen Kind‹ durch tadelnde oder lobende Worte, deren Bedeutung es doch versteht – denn die liegt allein im Tonfall – von Anfang an als eigene Handlung zugeschrieben wird, kann man erahnen, wie tief so etwas sitzt« (Sommer, zit. nach Werschkull 2007, S. 88).

Anerkennung würde in diesem Sinne meinen, dass ich meinem Gegenüber für etwas, was ich selbst für gut und positiv befinde, meine positive Aufmerksamkeit schenke. Ohne an dieser Stelle auf die Wurzeln der Anerkennungstheorie bei James, Hegel und Kant und auf das, was Honneth darauf aufbauend weitergedacht hat, eingehen zu können, möchte ich folgenden Gedankengang anschließen. Anerkennung als solche, welche in intersubjektiven Prozessen identitätsbildend wirken kann, wird beim Anerkennenden ausgelöst, wenn er etwas, was er am Gegenüber

---

2 Ergänzend verweise ich darauf, dass Werschkull für ihre Studie die Entwicklungstheorien von Fonagy, Gergely, Jurist und Target heranzieht und sie sich des Weiteren auf Trevarthen, Dornes und Hobson bezieht.

wahrnimmt, als anerkennungswürdig bewertet. Damit wären zwei ineinandergreifende Prozesse benannt, welche der Anerkennende zu leisten hätte: er muss etwas am Gegenüber wahrnehmen und er muss das Wahrgenommene bewerten. Beide Prozesse sind in seiner Verantwortung und haben mit dem Gegenüber zunächst nichts zu tun. Das, was er wahrzunehmen in der Lage ist und welche Bedeutung er dem zumisst, ist seiner Entwicklung durch intersubjektive Prozesse geschuldet. Eine positive Bewertung des Wahrgenommen, sei es eine mimische, gestische oder sprachliche Äußerung oder eine Handlung, dürfte davon abhängen, wie der Anerkennende zu diesem steht.

Was aber ist dieses »zu etwas stehen«? Wovon hängt es ab, wie ich zu etwas stehe? Generell kann ich zu etwas positiv, negativ oder neutral eingestellt sein, ich kann etwas für gut befinden, für schlecht oder ich kann sagen, etwas sei mir egal. »Zu etwas stehen« würde demnach heißen, eine eigene Bewertung abgeben und zwar im Hinblick auf die Bestätigung des eigenen Selbst durch das »Etwas«. Die Bestätigung des eigenen Selbst kann auf verschiedenen Ebenen geschehen. Ich kann darin bestätigt werden, wie ich über bestimmte Sachverhalte denke, welcher Meinung ich diesbezüglich bin. Erkenne ich in der Meinung meines Gegenübers meine eigene, werde ich in meiner Meinung bestätigt (es sind bereits zwei mit dieser Meinung und es ist nichts Gegenteiliges behauptet worden). Dadurch bin ich geneigt, die Meinung des Gegenübers als positiv zu bewerten und ihm diese Bewertung in Form von Anerkennung durch Worte, Gesten, Mimik etc. zu vermitteln.

Diese Bestätigung des eigenen Selbst wäre auf einer Ebene angesiedelt, welche bereits auf beiden Seiten komplexe Kompetenzen in den Bereichen Wahrnehmen, Denken und Handeln voraussetzt. Anerkennung kann jedoch auch für Bestätigungen des eigenen Selbst gewährt werden, welche sich, wie im Beispiel von Sommer (s.o.), auf elementare Prozesse auf der Ebene des Stoffwechsels beziehen. Dadurch, dass ich im Gegenüber etwas erkenne bzw. wahrnehme, was mir auf der biologischen Ebene von meinem eigenen Organismus her sehr bekannt ist und zu meinen elementarsten Lebensäußerungen gehört, werde ich in diesem bestätigt. Ich kann darin erkennen, dass ich als Mensch mich so verhalte wie ein anderer Mensch, wodurch ich auf einer basalen Ebene als Mensch abgesichert bin. Ich darf als Mensch so sein wie ich bin, was mich in meinem momentanen So-Sein bestätigt. Aus dieser Bestätigung würde wiederum die positive Bewertung des, in diesem Fall, Verhaltens des Gegenübers resultieren, welches in Form einer Anerkennung rück zu vermitteln wäre. Anerkennung würde ein Gegenüber demnach für etwas verdienen, was mich in meinem So-Sein bestätigt.[3] Im Fall einer Nicht-Bestätigung mei-

---

3 Bezogen auf die drei Formen von Anerkennung, welche Honneth beschreibt, wäre die hier dargestellte die Liebe. Sie wird dem Gegenüber in der direkten Auseinandersetzung gewährt. Das Recht oder die Solidarität als Form der Anerkennung wäre nicht auf der Ebene der direkten Begegnung von Individuen angesiedelt, sondern vielmehr auf der der Gesellschaft im Hinblick auf Anerkennung des Gegenüber als ein von ihr anerkanntes Mitglied. Diese Anerkennung würde in der Logik der bisher hervorgebrachten Argumentation bedeuten, dass sie von Seiten der Gesellschaft bzw. ihrer Vertreter nur dann gewährt wer-

nes Selbst würde demzufolge die Anerkennung verwehrt. Das beschreibt in groben Zügen die eine Seite des Anerkennungsprozesses.

Die andere Seite ist die desjenigen Individuums, welches ein vom Gegenüber wahrnehmbares Verhalten zeigt, für das es von diesem bewertet wird. Fällt diese Bewertung positiv aus, d. h. zeigt das Gegenüber Zeichen der Anerkennung, so wird auch das Individuum über das gezeigte Verhalten in seinem So-Sein bestätigt und dieses Verhalten in der Folge vermehrt zeigen. Voraussetzung dafür ist allerdings, dass es die Zeichen der Anerkennung erkennen und auf sich bzw. das entsprechende Verhalten beziehen kann.

Identität würde sich demnach u.a. dadurch entwickeln, dass ich die Anerkennung, welche ich für von mir gezeigtes und von anderen wahrgenommenes Verhalten erhalte, als Bestätigung für dieses Verhalten werte. Dazu gehört, dass ich mich als Verursacher dieses Verhaltens erkennen kann. Mit der o.a. Definition von Identität von Keupp et al. würden diese Überlegungen insofern übereinstimmen, als die Identität der Raum (bzw. das »individuelle Rahmenkonzept«) von bestätigten und unbestätigten Äußerungen im weitesten Sinne wäre, innerhalb dessen die gemachten Erfahrungen bzw. die erfahrenen Anerkennungen und Nicht-Anerkennungen, in ihrem Verhältnis bestimmt und für weitere Äußerungen maßgebend wären. Das wäre dann m.E. das, was Keupp et al. unter alltäglicher Identitätsarbeit verstehen.

Wie hat man sich nun aber die ersten Anerkennungsprozesse vorzustellen? Wie lassen sich die Anfänge der Identitätsentwicklung beschreiben? Nach Benjamin geht es zu Beginn des Lebens »nicht mehr einzig darum, wie wir uns aus diesem Einssein herauslösen, sondern auch darum, wie wir Bindungen mit anderen Menschen eingehen und diese anerkennen. Es geht nicht mehr nur darum, auf welche Weise wir uns von der primären Anderen befreien, sondern auf welche Weise wir uns aktiv in die Beziehung zu dieser Anderen einbringen und uns darin zu erkennen geben« (Benjamin, zit. nach Werschkull 2007, S. 94).

Werschkull plädiert dafür, in den Entwicklungsprozessen des Selbst die Struktur der Gegenseitigkeit zu sehen und in die entsprechenden Theorien einzubeziehen. Gemeint ist, dass nicht einseitig die Mutter bzw. die Bezugsperson als bloßes Mittel zum Zweck der Entwicklung des Säuglings angesehen wird, sondern dass dieser Prozess einer der gegenseitigen Anerkennung sei und voraussetze, dass Kind und Mutter sich als selbständige Personen wahrnehmen und respektieren. Doch wie kommt es auf Seiten des Kindes dazu? Ist diese Kompetenz als angeboren anzusehen oder entwickelt sie sich ihrerseits erst durch intersubjektive Prozesse?

Vonseiten der Entwicklungspsychologie, der Psychoanalyse und der Bindungstheorie gibt es auf diese Fragen durchaus unterschiedliche, ja zum Teil kontroverse Antwortversuche. Hier soll im Weiteren davon ausgegangen werden, dass

---

den könnte, wenn sie als solche in ihrem So-Sein, also in ihrer Struktur und ihrem Regelwerk, durch das Verhalten des Gegenüber bestätigt werden würde.

die Anerkennung des Kindes durch die Mutter der Anerkennungsfähigkeit des Kindes vorausgehe. Werschkull nennt als anerkennende Einstellungen und Akte seitens der Mutter affektive Bestätigung, erkennende Aufmerksamkeit und praktische Unterstützung (Werschkull 2007, S. 111) und zählt das Wahrnehmen, Erkennen und Befriedigen elementarer Bedürfnisse zu dem, was Anerkennung in der präverbalen Phase bedeute (ebd.). Demgegenüber würde ich als wesentlichen, wenn nicht einzigen anerkennenden Akt einer solchen Interaktion den der affektiven Bestätigung benennen. Durch diese erkennt die Mutter bzw. die Bezugsperson das an, was sie zuvor am Säugling wahrgenommen und im Hinblick auf die Bestätigung des eigenen Selbst positiv bewertet hat. Die von Werschkull zusätzlich genannte erkennende Aufmerksamkeit würde ich als Voraussetzung für die Wahrnehmung eines anzuerkennenden Verhaltens bezeichnen, die praktische Unterstützung eher als Folge der Anerkennung.

Folglich würde nicht das Wahrnehmen, Erkennen und Befriedigen elementarer Bedürfnisse als solches die Anerkennung bedeuten, sondern dass ich im Anschluss an das Wahrnehmen und Erkennen diese elementaren Bedürfnisse als legitim betrachte – ich erkenne die Bedürfnisse als elementar an, auf dem Hintergrund meiner eigenen Erfahrungen. Und weil ich sie zuvor als Gegenüber anerkannt habe, befriedige ich sie anschließend. Ob überhaupt die Voraussetzungen für eine Anerkennung gegeben sind, hängt demnach davon ab, ob das elementare Bedürfnis vom Gegenüber wahrgenommen und als solches erkannt wurde bzw. werden konnte. Erst dann würde nach positiver Bestätigung dieses Bedürfnis anerkannt werden können.

Werden die elementaren Bedürfnisse nicht wahrgenommen und/oder nicht erkannt, wie in den Studien von Bowlby und Spitz beschrieben, kommt es zu erheblichen, manchmal sogar letalen Folgeschäden. Anerkennung wäre demnach spätestens ab Geburt des Kindes[4] eine Form intersubjektiven Austausches, derer das Kind für sein Überleben und seine Entwicklung zwingend bedarf, da sie die Befriedigung elementarer Bedürfnisse ermöglicht, welche das Kind allein noch nicht befriedigen kann. Dadurch, dass beide, die Mutter bzw. Bezugsperson und das Kind ihr So-Sein bestätigt bekommen und zudem beim Kind die elementaren Bedürfnisse befriedigt werden, entsteht für beide Beteiligten eine für ihr Selbst gewinnbringende Situation. Das Ausmaß des Bedürfnisses nach Anerkennung würde mit dem der elementaren Bedürfnisse korrelieren; je mehr elementare Bedürfnisse vorhanden wären, umso größer wäre das Bedürfnis nach Anerkennung. Die größte Unsicherheit in dieser Beziehung dürfte darin liegen, ob die möglichen Gegenüber über die Kompetenzen verfügen, die es für ein Wahrnehmen und Erkennen der elementaren Bedürfnisse braucht, gerade auch dann, wenn das Kind, aus welchen Gründen auch immer, diese seine Bedürfnisse nur eingeschränkt mitteilen kann oder diese von den üblichen Bedürfnissen abweichen.

---

4 Eventuell sind bereits in der pränatalen Lebensphase Anerkennungsprozesse wirksam. Siehe dazu die Ausführungen von Klatt und Hüther/Krens.

Die Entwicklung der Identität dürfte ihren Anfang spätestens mit der ersten postnatalen Anerkennung eines elementaren Bedürfnisses nehmen. Dadurch, dass ein elementares Bedürfnis anerkannt wird, wird seitens des Gegenübers auch dasjenige Individuum anerkannt, welches dieses Bedürfnis hat und es in irgendeiner wahrnehmbaren Weise artikuliert. Auch wenn der Säugling zu diesem Zeitpunkt noch nicht zwischen sich als Individuum und seinem Bedürfnis unterscheiden könnte, würde er zumindest die Erfahrung machen können, dass er Anerkennung erfährt. Denn auf die Anerkennung erfolgt die Befriedigung des Bedürfnisses. Darüber könnte zumindest der Zusammenhang von »Wenn-ich-etwas-tue-dann-passiert-etwas« hergestellt werden, was den Säugling sich als Urheber der Aktion empfinden lassen könnte. Die Identität würde sich in dem Masse ausdifferenzieren als verschiedene elementare Bedürfnisse Anerkennung hervorrufen, die den Säugling in seinem So-Sein zu bestätigen vermögen.

Zu überlegen wäre, ob der Säugling die Befriedigung eines seiner elementaren Bedürfnisse, welche als Folge der Anerkennung durch ein Gegenüber erfolgt, seinerseits anerkennen kann bzw. ab wann dieses denkbar wäre. Wenn die Fähigkeit zur Anerkennung davon abhängt, ob ich etwas bei meinem Gegenüber wahrnehmen und erkennen kann, was ich positiv bewerten kann, weil es mich in meinem So-Sein bestätigt, und ich dieser positiven Bewertung anerkennenden Ausdruck verleihen kann, dann müsste diese Fähigkeit von außen zu beobachten sein. Bezogen auf das elementare Bedürfnis nach Nahrung sollen diesbezügliche Überlegungen dargestellt werden. Der Säugling äußert sein Bedürfnis durch Schreien, welches in der Regel von seinem Gegenüber als Äußerung dieses Bedürfnisses wahrgenommen und erkannt wird. Das Gegenüber sieht sich durch dieses Bedürfnis in seinem So-Sein bestätigt und bewertet es positiv, woraufhin es dem Säugling Anerkennung gewährt. Der Säugling seinerseits nimmt das Zeichen der Anerkennung in Form von mimischen, gestischen und vokalen Äußerungen wahr und erkennt es als Ausdruck affektiver Zustimmung. Das würde bedeuten, dass die Entwicklung der Identität nicht nur kognitive, sondern auch emotionale Kompetenzen verlangt.

Durch das Erkennen der affektiven Zustimmung wird der Säugling darin bestätigt, dieses Bedürfnis einerseits zu haben und es andererseits für das Gegenüber verständlich ausgedrückt zu haben. Diese Bestätigung seines Selbst würde in der Logik der bisherigen Argumentation eine positive Bewertung der Anerkennungsäußerung nach sich ziehen, welche sich ihrerseits in einer Anerkennung des Gegenübers zeigen sollte. Diese Anerkennungsäußerung kann in mimischer, gestischer oder lautierender Form erfolgen.

Zusammenfassend wird hier die These vertreten, dass der Säugling mit der ersten Anerkennung durch ein Gegenüber in die Entwicklung seiner Identität eintritt und bereits zu diesem Zeitpunkt selber Zeichen der Anerkennung für sein Gegenüber ausdrücken kann. Durch Anerkennung werden Bedürfnisse, Verhaltensweisen, Äußerungen, Haltungen etc. des Individuums positiv bestätigt und somit zu den verschiedensten Facetten seines Selbst. Dieses verändert sich insofern stetig weiter, als sich wiederholt Anerkanntes zu einem festen Kern entwickeln würde, während wechselnd Anerkanntes eher um diesen Kern herum, als veränderliches Element, zum Ausdruck käme.

Nicht-Anerkennen würde dem Individuum verdeutlichen können, dass nicht alles, was von ihm in der Umwelt wahrgenommen wird, von anderen so bewertet wird, dass sie es positiv bestätigen können. Da diese Bestätigung definitionshalber davon abhängt, ob ich als Gegenüber mich in dem Wahrgenommen und Erkannten in meinem Selbst bestätigt sehen kann, ist mit der Nicht-Anerkennung auch unmittelbar die Möglichkeit verbunden zu erkennen, dass sich der andere von mir unterscheidet. Diese Erkenntnis ist von einem Individuum dann auszuhalten, wenn es daneben auch genügend Anerkennung erhält und/oder wenn es ein (Kern-)Selbst ausgebildet hat, welches in der Lage ist, sich als Selbst selbstreflexiv anzuerkennen. Der Andere, das Gegenüber kann sich von mir in mehreren Aspekten unterscheiden, wobei der am leichtesten zu erkennende der des unterschiedlichen Verhaltens in ähnlichen Situationen sein dürfte. Wenn es dem Individuum möglich wird zu erkennen, dass das Gegenüber anders denkt, eine andere Meinung hat oder Bedeutungen anders zuschreibt, so dürfte das entwickelt sein, was als Mentalisierungsfähigkeit und »Theory of mind« bezeichnet wird.

Zum Anerkennungsprozess bei Menschen mit Autismus-Spektrum-Störungen

Welche Bedeutung könnten diese vorangegangenen Überlegungen für die Identitätsentwicklung von Menschen mit Autismus haben? Der Prozess der Anerkennung ist von einer hohen Komplexität gekennzeichnet, weshalb er an verschiedenen Stellen störanfällig ist. Gelingt dieser Prozess in der Regel, so ist die Entwicklung in Richtung eines stabilen Selbst zu erwarten, welche mit Entwicklungen im kommunikativen und emotionalen Bereich einhergehen dürfte. Gelingt er nicht, so wäre zu erwarten, das sowohl die Entwicklung des Selbst als auch die kommunikativen und emotionalen Kompetenzen des Individuums sich nicht in gewöhnlicher Weise entwickeln können. Das bei Menschen mit Autismus qua Autismusdefinition Auffälligkeiten in der Kommunikation und der sozialen Interaktion im Vordergrund stehen, lässt vermuten, dass diese mit besonderen Bedingungen im Anerkennungsprozess zusammenhängen könnten. Diese besonderen Bedingungen sollen im Folgenden herausgearbeitet werden.

Der Anerkennungsprozess beginnt bei einem Säugling damit, dass er, wie im Beispiel oben bereits benannt, dass elementare Bedürfnis nach Nahrung äußert. Bereits auf dieser Ebene können verschiedene Schwierigkeiten auftreten, wenn der Säugling seinem Bedürfnis nicht wie gewöhnlich Ausdruck verleihen kann oder es gar nicht äußert. Es ist denkbar, dass das Gegenüber entweder gar nicht bemerkt, dass ein Bedürfnis geäußert wird (1) oder dass der Äußerung eine andere Bedeutung beigemessen wird, als die für die Verhaltensweise des Säuglings ursächliche (2). In der Folge kann keine Anerkennung des Bedürfnisses erfolgen, denn entweder wird keine Aufforderung zur Anerkennung erkannt (1) oder das Gegenüber gewährt dem Säugling Anerkennung für etwas, von dem es nur *denkt*, er hätte es ausdrücken wollen (2). Das Gegenüber wird in seinem So-Sein durch das gedachte Bedürfnis bestätigt und bewertet es positiv, d.h. es zeigt affektive Zustimmung als Zeichen seiner Anerkennung.

Durch das Erkennen der affektiven Zustimmung wird der Säugling subjektiv darin bestätigt, ein Bedürfnis haben zu dürfen. Allerdings beziehen sich beide Interaktionspartner auf verschiedene Bedürfnisse! Dieses würde dem Säugling dadurch vermittelt, dass die Reaktion des Gegenübers, welche das von ihm gedachte Bedürfnis befriedigen soll, im Extremfall nichts mit dem zu tun hat, wessen der Säugling tatsächlich bedarf. Zu erwarten wäre in diesem Fall eine Unmuts- oder Abwehrhaltung des Säuglings, was wiederum zu einer Unsicherheitsreaktion des Gegenübers führen könnte. Für beide Seiten wäre es eine unverständliche Situation.[5]

Eine weitere besondere Bedingung, die zu Schwierigkeiten im Anerkennungsprozess führen könnte, wäre gegeben, wenn der Säugling sein Bedürfnis zwar adäquat ausdrücken könnte, aber darauf folgende Anerkennungsreaktionen nicht als Bestätigung dessen Legitimität wahrnehmen, erkennen und/oder verstehen könnte. Bestätigung würde der Säugling zwar durch die anschließende Reaktion des Gegenübers, welche das Bedürfnis zu befriedigen vermag, bekommen, aber diese Befriedigung würde auf der biologischen Ebene erfolgen und nicht auf der psychischen, der emotional-affektiven. Folglich wäre die Absicherung auf der biologischen Ebene zwar gesichert, jedoch die auf der psychischen zumindest eingeschränkt. Die Entwicklung des Selbst muss zwar auf der biologischen Ebene abgesichert werden, dürfte jedoch im Individuum auf der psychischen Ebene angesiedelt und von der sozialen abhängig sein.

Schwierigkeiten im beschriebenen Bereich würden sich also unmittelbar auf die Identitätsentwicklung auswirken. Die Absicherung im emotional-affektiven Bereich, welche durch die Anerkennung erreicht werden kann, dürfte wesentlich dafür sein, ob ein Individuum sich angstfrei und offen gegenüber seiner Umwelt entwickeln kann. Fehlt diese Absicherung vollkommen, ist ein Mensch aller Wahrscheinlichkeit nach nicht lebensfähig, da ihm die psychische Ebene im Selbstorganisationsprozess zur Aufrechterhaltung seines Systems zu entwickeln nicht ermöglicht wird. Deshalb muss davon ausgegangen werden, dass ein Mindestmass an Absicherung auf der emotional-affektiven Ebene vorhanden sein muss bzw. auch unter erschwerten Bedingungen hergestellt werden kann. Es wäre denkbar, dass die Absicherung durch Verhaltensweisen erfolgen kann, welche durch Rhythmisierung biologische Prozesse induzieren, die das System auf der psychischen Ebene abzusichern vermag.

Allerdings wäre zu vermuten, dass eine solche Bedürfnisbestätigung und Absicherung keine entwicklungsinduzierenden Wirkungen im emotional-affektiven Bereich hat. Die Entwicklung der Emotionen und deren Regulation verläuft nach Holodynski als Internalisierungsprozess, wobei aus den Interaktionen zwischen

5 René Spitz beschreibt den Verlauf solcher Kommunikationen in seinen Studien über den Ursprung menschlicher Kommunikation und ihrer Rolle für die Persönlichkeitsbildung (Spitz 1988, 96ff.).

Kind und Erwachsenen aus wenigen Vorläuferemotionen eine Vielzahl von Emotionsqualitäten entstehen (Holodynski 2006, S. 203). Eine Emotion wird definiert als ein »sich selbst organisierendes psychisches System, das interne bzw. externe kontextgebundene Anlässe in ihrer Bedeutung für die eigene Motivbefriedigung einschätzt, adaptive Ausdrucks- und Körperreaktionen auslöst, die über das Körperfeedback als Gefühl subjektiv wahrgenommen und mit dem Emotionsanlass in Zusammenhang gebracht werden, so dass motivdienliche Handlungen ausgelöst werden (können), sei es bei der Person selbst oder beim Interaktionspartner« (ebd., S. 203).

Die Funktion der Emotionen ist es, »die eigenen Handlungsziele, -ergebnisse und -folgen und ihren situativen Kontext in ihrer Beziehung zum Grad der Befriedigung der eigenen Motive einzuschätzen und durch die Initiierung geeigneter Bewältigungshandlungen die Befriedigung der Motive sicherzustellen. (...) Emotionen regulieren demnach die Handlungen einer Person in ihren motivrelevanten Aspekten, womit sie eine äußerst komplexe Funktion in der menschlichen Tätigkeitsregulation übernehmen« (ebd., S. 41).

Anerkennung wäre in diesem Zusammenhang ein kontextgebundener Anlass, der in seiner Bedeutung für das zuvor bereits vermittelte elementare Bedürfnis eingeschätzt wird und adaptive Ausdruck- und Körperreaktionen auslöst, die über das Körperfeedback als Gefühl subjektiv wahrgenommen und mit dem Emotionsanlass in Zusammenhang gebracht werden (s.o.). Die Bedeutung der Anerkennung für das Individuum ist qua definitionem immer positiv, da es das Bedürfnis als legitim anerkennt, weshalb das ausgelöste Gefühl ebenfalls positiv sein müsste. Fehlt die Anerkennung, kann kein positives Gefühl entstehen, obwohl das Bedürfnis anschließend befriedigt werden kann. Demnach würde die Bedürfnisbefriedigung zwar die Absicherung auf der basalen Ebene gewährleisten, aber keinen Beitrag zur Absicherung auf der psychischen Ebene und der emotionalen Entwicklung leisten können. Daraus ließe sich folgern, dass sowohl die Entwicklung der Identität als auch die der Emotionen unmittelbar an die Anerkennungserfahrung gekoppelt sind.

Falls also bei Menschen mit Autismus der Anerkennungsprozess grundsätzlich unter den oben beschriebenen besonderen Bedingungen verlaufen würde, wären Auswirkungen auf die Entwicklungsprozesse der Emotionen und in der Folge der Identität zu erwarten. Diese wiederum könnten Erklärungen bieten für Auffälligkeiten, welche als spezifisch bzw. typisch für Autismus erachtet werden: z.B. bei kommunikativen Kompetenzen, wenn es überwiegend darum geht, sich gegenseitig anzuerkennen und sich gegenseitig zu bestätigen; bei der Kontrolle und Regulation von Emotionen; bei Fähigkeiten, bei denen emotionale und kognitive Fähigkeiten erheblich miteinander verwoben sein dürften.

Die hier in Ansätzen beschriebenen möglichen Zusammenhänge beziehen sich vorwiegend auf die allerersten Anerkennungserfahrungen des Säuglings und deren mögliche Bedeutung für seine weitere Entwicklung. Wie seine Entwicklung auf der Grundlage einer solchen beschriebenen Ausgangslage verlaufen könnte und was das für Auswirkungen auf die Entwicklung von Sprache, Denken und Handeln haben würde, gilt es weiterhin zu überlegen.

Abschließend sei hervorgehoben, dass der Erfolg einer Interaktion in Bezug auf Anerkennung keinesfalls nur von den Möglichkeiten abhängt, die der Anzuerkennende einbringen kann. Ganz wesentlich ist, welche Möglichkeiten das Gegenüber in die Situation einbringen kann, welche Bedürfnisse es in der Lage ist, im Sinne der Bedeutung für den Säugling richtig zu erkennen. Es wird nicht das Individuum als solches anerkannt, sondern jeweils das, was dem Gegenüber wahrnehmbar, erkennbar und schließlich bewertbar ist. Was von ihm bewertbar ist, hängt wiederum von seinem eigenen Selbst und den Anerkennungserfahrungen ab, welche die Entwicklung dieses Selbst geprägt haben.

Letztlich bedeutet das, dass jeder Mensch mehr oder weniger Anteil an der Entwicklung von denjenigen Menschen hat, mit denen er in Interaktion tritt. Die Möglichkeiten für positive Anerkennungserfahrungen hängen von beiden Interaktionspartnern ab, sie ergänzen sich und dort, wo auf der einen Seite die Möglichkeiten sehr begrenzt sind, sollte auf der anderen Seite ein großes Maß an Anerkennungskompetenz zur Verfügung stehen – denn »der Mensch wird zu dem Ich, dessen Du wir ihm sind« (Feuser 2009, S. 33).

Anerkennungskompetenz auf einem hohen Niveau würde meiner Ansicht nach bedeuten, dass ich, um Anerkennung zeigen zu können, nicht selbst dieses Bedürfnis oder diese Meinung haben muss und dadurch in meinem So-Sein bestätigt werde, dass der Andere dieses oder diese auch äußert. Es würde reichen, sich vorstellen zu können, dass und warum der Andere dieses/diese hat und ihm dieses schließlich auch zugestehen zu können. Das bedeutet, dass ich in meinem So-Sein nicht durch Verhaltensweisen, Bedürfnissen, Meinungen bedroht werde, wenn sie sich von meinen eigenen unterscheiden. Das ist wohl nur möglich, wenn ich auf einer Reflexionsebene denken kann, die es mir ermöglicht, von mir selbst zu abstrahieren, als eine Möglichkeit Mensch zu sein und anderen andere Möglichkeiten zuzugestehen. Ein Mensch darf auch anders sein als ich, wenn es menschenmöglich ist. Dadurch bin ich in meinem So-Sein nicht bedroht. Er darf aber nicht in allem anders sein als ich; ich brauche ein gewisses Maß an Gemeinsamkeiten/Bestätigung, um auch für das, was ich bin, durch den anderen anerkannt zu werden. Wenn die Akzeptanz des Anderssein als Haltung gefestigt ist, kann ich die Äußerung meines Interaktionspartners deshalb positiv bewerten, als sie gerade diese Haltung bekräftigt. Folglich kann ich sie positiv bewerten und anerkennen.

Diese Ausführungen, die ich als »Überlegungen« überschrieb, lassen noch viele Fragen offen. Allerdings dürfte auch eingedenk hier nicht behandelter Forschungsfragen heute als sicher gelten, dass für die Identitätsentwicklung des Menschen (nicht nur mit Autismus) der andere Mensch die wichtigste »Entwicklungshilfe« ist.

Literatur

Bowlby, John (1975): Bindung. Eine Analyse der Mutter-Kind-Beziehung. München: Kindler Verlag. – ders. (1972): Mutterliebe und kindliche Entwicklung. München/Basel: E. Reinhardt Verlag. – ders (1973).: Mütterliche Zuwendung und geistige Gesundheit. München: Kindler Verlag. – ders. (1988): A Secure Base. Clinical Applications of Attachment Theory. London: Routledge. – Buber, Martin (1997, 8. Aufl.): Das dialogische Prinzip. Heidelberg: Verlag Lambert Schneider. – Dornes, Martin (2006, 8. Aufl.): Die frühe Kindheit. Entwicklungspsychologie der ersten Lebensjahre. Frankfurt a.m.: Fischer Taschenbuch Verlag. – Feuser, Georg (2009): Was braucht der Mensch? In: behinderte Menschen. Zeitschrift für gemeinsames Leben, Lernen und Arbeiten. 6/2009, S. 18–35. – Fonagy, Peter/Gergely, György/Jurist, Elliot L./Target, Mary (2004): Affektregulierung, Mentalisierung und die Entwicklung des Selbst. Stuttgart: Klett-Cotta. – Hobson, Peter (2003): Wie wir denken lernen. Gehirnentwicklung und die Rolle der Gefühle. Düsseldorf: Patmos. – Holodynski, Manfred (2006): Emotionen – Entwicklung und Regulation. Heidelberg: Springer Medizin Verlag. – Honneth, Axel (1994): Kampf um Anerkennung. Zur moralischen Grammatik sozialer Konflikte. Frankfurt a.m.: Suhrkamp. – Hüther, Gerald/Krens, Inge (2008, 6. Aufl.): Das Geheimnis der ersten neun Monate. Unsere frühesten Prägungen. Düsseldorf: Patmos. – Klatt, Martina (2007): Die pränatale Entwicklung. Ein dynamischer Ansatz unter besonderer Berücksichtigung der Austauschverhältnisse zwischen Mutter und Kind und deren Auswirkungen auf die kindliche Entwicklung. Berlin: Lehmanns Media. – Mead, George Herbert (1968): Geist, Identität und Gesellschaft. Frankfurt a.m.: Suhrkamp. – Spitz, René A. (1963): Vom Säugling zum Kleinkind. Stuttgart: E. Klett Verlag. – ders. (1970, 2. Aufl.): Nein und Ja. Die Ursprünge der menschlichen Kommunikation. Stuttgart: E. Klett Verlag. – ders. (1974): Brücken. In: Psyche 28, 7, 1003–1018. – ders. (1988): Vom Dialog. München: dtv/Klett-Cotta. – Stern, Daniel (2007, 9., erw. Auflage): Die Lebenserfahrung des Säuglings. Stuttgart: Klett-Cotta. – Trevarthen, Colwyn (1979): Communication and cooperation in early infancy: A description of primary intersubjectivity. In: Bullowa, Margaret (Hg.): Before Speech. The Beginning of Interpersonal Communication. New York: Cambridge Univ. Press, S. 321–347. – Werschkull, Friederike (2007): Vorgreifende Anerkennung. Zur Subjektbildung in interaktiven Prozessen. Bielefeld: transcript Verlag.

Anschrift der Verfasserin: Barbara Michel
                                       Bühlstr. 47b,
                                       CH-8055 Zürich
                                       E-Mail: barbaramichel@swissonline.ch

* * *

Susanne Ott

Autismus und Spracherwerb anders denken!

Autismus wurde, von Anbeginn seiner vermeintlichen »Entdeckung« in den 1940er Jahren, als hervorstechende Kuriosität unter den Behinderungen wahrgenommen. Nach einer Odyssee hinsichtlich möglicher Ursachenerklärungen haben schon 1996 Colwyn Trevarthen und Mitarbeiter Autismus als eine frühzeitige pränatale Entwicklungsstörung im Stammhirn erklärt, mit Konsequenzen in vielen anatomischen Regionen und vielen der sich nachfolgend ausbildenden psychischen Systemen. Hier im Stammhirn, im Bereich der Formatio reticularis, liegt ein hochkomplexes physisch-psychisches System, das als eines der frühesten entstehenden Systeme für die Selbstregulation des Menschen als Ganzes zuständig ist. Dieses System wird, ebenfalls pränatal, durch ein System von ›Selbst‹ und ›Anderem‹ vervollständigt und bildet im Menschen die Grundlage für primär soziale und dialogische Gerichtetheit.

Im folgenden Artikel sollen unterschiedliche Fragen untersucht werden: In welcher Weise funktionieren diese Systeme? Sind sie bei Autisten beeinträchtigt, wenn ja, in inwieweit? Besteht ein Zusammenhang zwischen dieser Störung und dem Spracherwerb im Allgemeinen und insbesondere dem von Autisten? Worin liegen die Besonderheiten in der Verwendung von Sprache von Autisten begründet? Welche Rolle spielt dabei das Spiegelneuronensystem?

Autismus – der Bedeutung nach mit »das Bestreben, für sich zu sein« zu übersetzen – wird im ICD-10 (Dillinger, H. & Freyberger, H. J. 2008, S. 295/6) als tief greifende Entwicklungsstörung definiert, die durch a) eine abnorme oder beeinträchtigte Entwicklung, die sich vor dem dritten Lebensjahr manifestiert [und] b) ein charakteristisches Muster abnormer Funktionen in den folgenden drei psychopathologischen Bereichen:

- der sozialen Interaktion,
- der Kommunikation und
- im eingeschränkten stereotyp repetitven Verhalten

gekennzeichnet ist. Weiterhin »zeig[t] sich häufig eine Vielzahl unspezifischer Probleme wie Phobien, Schlaf- und Ess-Störungen, Wutausbrüche und (autodestruktive) Aggression« (ebd.).

Diagnostische Kriterien spezifizieren diese Punkte dahingehend, als dass die Unfähigkeit der nonverbalen Partizipation oder Regulation beim sozialen Austausch, mit Erwachsenen wie auch mit Gleichaltrigen, genannt wird. Dies geht mit einem Mangel am Teilen von Interessen und Emotionen einher. Ungewöhnliche Reaktionen auf die Gefühle Anderer oder eine ungenügende Anpassung an den jeweiligen sozialen Zusammenhang werden außerdem als Merkmale erwähnt.

Im Bereich der Kommunikation wird eine verspätete oder komplett gestörte Sprachentwicklung, die mimisch oder gestisch nicht kompensiert wird, als ein Merkmal aufgeführt. Das vorsprachliche Geplapper fehlt oft; später zeigt sich eine eingeschränkte Verwendung von Sprache, deren Gebrauch zudem nur mühsam aufrecht erhalten werden kann. Soziale Imitationsspiele fehlen zumeist, ebenso wie spontane »Als-ob«-Spiele.

Im Bereich des Verhaltens wird im ICD-10 darauf hingewiesen, dass Autisten bestimmte Tätigkeiten stets wiederholen und sich eine durchaus intensive Beschäftigung auf einige wenige Bereiche mit bestimmten Objekten beschränkt. Dabei kann sich eine große Anhänglichkeit an Handlungen oder Rituale, die mit ihnen verbunden sind, entwickeln. Eine Beschäftigung richtet sich möglicherweise auf »Teilobjekte [...] oder nicht funktionale [...] Elemente [...] des Spielmaterials« (ebd.). Als weiteres Merkmal werden gekünstelte, sich wiederholende Hand- und Fingerbewegungen oder stereotype Bewegungsfolgen des ganzen Körpers genannt.

Vygotskij«s Theorie »Defekt und Kompensation« (Vygotskij 1983 in Jantzen 2001) geht davon aus, dass auch erschwerte Bedingungen keinen statischen Punkt, sondern einen Entwicklungsprozess darstellen, welcher einheitlichen Gesetzmäßigkeiten folgt. Jeglicher Beeinträchtigung liegt demnach ein primärer biologischer Defekt zugrunde, der sich bei verschiedenen Funktionen in unterschiedlicher Weise und Stärke auswirkt. Er bleibt bestehen, tritt aber im Laufe der Genese in den Hintergrund und hält dabei nicht den allgemeinen Fortgang von Entwicklungsprozessen auf. Die Weiterentwicklung des Individuums schreitet also trotz der Beeinträchtigung voran und bildet in den Folgesystemen vielfältige qualitative Besonderheiten aus. Dies ist der sekundäre Defekt, er tritt nun in den Vordergrund. Das Kind ist bemüht, mit den Schwierigkeiten des sekundären Defekts fertig zu werden und bildet »[i]m Prozess der aktiven Anpassung an die Umwelt [...] eine Reihe von Funktionen [aus], die diese Mängel kompensieren, ausgleichen, ersetzen« (ebd., 113).

Der kindliche Organismus stellt sich also über ausgleichende und kompensierende Entwicklungsprozesse als Ganzes um. Es können zweierlei Arten von Symptomen des Defekts unterschieden werden: »Auf der einen Seite [gibt es] die Symptome gestörter Funktionen und auf der anderen [gibt es] Symptome des Kampfes des Organismus mit den Störungen« (ebd., 114). Diese Bemühungen gegenüber den Störungen bezeichnet Vygotskij als den tertiären Defekt. Somit stellt der tertiäre Defekt eine Kompetenz im Sinne der positiven Regulierung innerhalb des Individuums dar.

Colwyn Trevarthen und Mitarbeiter erarbeiteten eine Theorie über Autismus, die sich maßgeblich von allen bislang erbrachten Forschungsergebnissen unterschied: Sie sah weder ein postnatales Trauma – mit oder ohne Schuldzuweisung gegenüber etwaigen »Kühlschrankmüttern« – noch eine fehlende oder mangelhaft ausgebildete Theory-of Mind als dessen Ursache. Ungleich all den bisherigen Ansätzen wurde nicht mit der Erklärung eines jeweiligen Teilbereichs eine Lawine von Fragen in einem anderen losgetreten.

Die Intersubjektivitätstheorie nach Trevarthen

Trevarthen postuliert in seiner sogenannten »Intersubjektivitätstheorie«, dass es sich bei Autismus um eine pränatale Entwicklungsstörung im Stammhirn handelt. Hier liegt die Formatio reticularis, das als eines der am frühesten entstehenden Systeme für die Selbstregulation des Menschen als Ganzes zuständig ist. Sie ist ein hochkomplexes neuroendochrines System, das sich zwischen der 5. und 8. Gestationswoche durch direkte chemische Kommunikation in der Ausdifferenzierung des zentralen Nervensystems (ZNS) heraus bildet. Sie vermittelt zwischen innerkörperlichen, wie auch zwischen inner-äußerkörperlichen Impulsen, z. B. Veränderungen physiologischer und psychologischer Zustände, ohne deren Verortung vornehmen zu können, sie ist der Sitz aller Selbstregulationsprozesse. Ausgewählte Reize leitet sie an das Großhirn weiter.

In der Formatio reticularis treffen afferente neokortikalen Bahnen und efferente Motoneuronen zusammen und es findet eine »direkte Reizübertragung von den sensiblen auf die somato- und viszeromotorischen Kerne der Hirnnerven und [eine] indirekte Übertragung durch mehrgliedrige Neuronenketten« (Pschyrembel 2002, 542) statt. Die wenigen retikulären Neuronen reichen durch das Mittel- und Zwischenhirn, bis zum Neocortex (inkl. Broca-Areal) und abwärts bis zur willkürlichen innervierten Muskulatur (vgl. Walle & Feirtag, 1990).

Die Aufgaben der Formatio reticularis sind vielfältig: Sie reguliert die Aktivitätsbalance des gesamten Nervensystems, also Wach- und Schlafrhythmus sowie unterschiedliche Grade von Bewusstsein. Sie richtet Aufmerksamkeit für Lernprozesse und ermöglicht kortikale Habituationen und Konditionierungen. Sie beeinflusst lebenswichtige vegetative Prozesse wie die Atmung oder den Blutkreislauf, ferner unterdrückt sie Tast- und Schmerzreize. Auch enthält sie motorische Programme zur Regulation komplexer arttypischer Bewegungen.

Die Ursache dieses Wirkens liegt in den Kerngruppen, in denen Neurotransmitter gebildet werden. Die Raphékerne produzieren Serotonin, das sie ins limbische System, ins Kleinhirn, Rückenmark und in den Neokortex projizieren. Der Locus coeruleus bildet Noradrenalin und projiziert es ins Kleinhirn. Durch diese Botenstoffe ist die Formatio reticularis reziprok mit dem Hypothalamus, mit der Amygdala, dem orbitofrontalen Kortex und den Temporallappen verbunden.

Das Prinzip der Selbstregulation basiert auf dem schöpferischen, aktiv-dynamischen Prinzip der Selbstorganisation jeglicher lebender Systeme und ist damit eng verwoben (vgl. Jantzsch 1979, Varela und Maturana 1987). Als erhaltende Funktion führt sie deren Prinzip, nämlich den ständigen wechselseitigen und aufeinander Einfluss nehmenden Austausch physischer und psychischer Prozesse unter Einbeziehung der Umwelt weiter. Als Ergebnis einer unbeeinträchtigten Selbstregulation beim Fötus entwickelt sich ein kohärentes Körperselbst. Dies gilt für die Bildung und den Erhalt des Leibes ebenso wie für die Ausformung des Gehirns.

Bei autistischen Kindern ist gerade diese Selbstregulation stark beeinträchtigt, dies zeigt sich bspw. in einem gestörten Schlaf- und Wachrhythmus oder in

Kälte- und Schmerzunempfindlichkeit. Am meisten fällt es jedoch durch eine Störung der Repräsentation des Körperselbst auf: Die Kernfunktion der Verkörperung ist beeinträchtigt, d.h. der Eigenwahrnehmung, bzw. der somatischen Markierung, die »der funktionalen Kohärenz und der dynamischen Koordination des Verstandes unterliegt« (Damasio; Varela 1991, zit. nach Trevarthen 2002, 94).

Manchmal empfinden Autisten bestimmte Körperteile nicht als zu ihrem Körper zugehörig. Sie finden es schwer, sich ihre Körperteile und -formen vorzustellen oder sie zu repräsentieren oder sie haben Schwierigkeiten, ihre Körperbewegungen zu koordinieren. Der Bewegungsapparat unterliegt nicht der ständigen Kontrolle und Angleichung durch die Sinneswahrnehmung. Dies hat zur Folge, dass geplante Bewegungen oft unter Schwierigkeiten ausgeführt werden. Bråten (1998) beweist dies durch die Unfähigkeit des »body-to-body-mapping«[1].

Menschen sind dialog- und bindungsfähig. Im Verlauf ihrer phylogenetischen Entwicklung ist das hierfür als Grundlage dienende System von Selbst und Anderem aus dem oben beschriebenen System der Selbstregulation hervorgegangen und hat sich im Körper manifestiert: Auf neurobiologischer Basis wird pränatal ein psychisches System, das ›intrinsische Motivsystem‹ (Intrinsic Motive Formation – IMF) ausgebildet. Jantzen nennt es den »Kern der Selbstorganisation der psychischen Prozesse und des ZNS, [in das] alle entstehenden funktionellen Systeme integriert [werden]«, die aber in der Lage sind, »eigenständig zu agieren.

Das IMF wirkt dabei sowohl als Kernpunkt der Integration aller Systeme, als auch Struktur bildend. Aufgrund seiner Anweisungen entstehen die Leitstrukturen für das Wachstum des Gehirns durch Neurotransmitter- und Hormonausschüttungen« (vgl. Jantzen, Mitschnitt VA Neuropsychologie der geistigen Behinderung: Das Autismussyndrom/PTSD, 22.6.2000). Nach Trevarthen »rüstet es den Fetus mit Motiven und Erwartungen nach einem ›virtuellen Anderen‹ [...], einem ›freundlichen Begleiter‹ aus« (Klatt 2007, 64). Er bezeichnet das IMF als »das Herz des sich entwickelnden Verstandes« (Trevarthen 1998, 67).

Das intrinsische Motivsystem befähigt das Kind,

- eigene Motive und Emotionen zu erzeugen und mitzuteilen,
- den Anderen zu spiegeln und sich an dessen Motivationen und Absichten zu modulieren und
- eigene Reaktionen zu provozieren (vgl. Reddy & Trevarthen 2004).

Laut Trevarthen stehen diese Fähigkeiten am Anfang der eigentlichen menschlichen Lernfähigkeit, lange, bevor ein Kind seine Sprache und Kultur annimmt.

Eine pränatale Störung des IMF, die zu einer massiven Beeinträchtigung der sozialen Kommunikation und Interaktion führt, wird als Ursache von Autismus angesehen. Dem Autisten fehlen die effektiven Motiv-Repräsentationen für den virtuellen Anderen, da dieser nicht ausgebildet ist. Durch diese Störung schafft es

---

1 Hierbei werden autistische Kinder aufgefordert, die räumliche Ausrichtung von Gesten, die ihnen gezeigt werden, durch eigene Nachahmung wiederzugeben.

das betroffene Neugeborene nicht, den Ursprung eines Motivs, koordiniert in Raum und Zeit des Körpers des Anderen aufzuspüren« (Trevarthen 2001, 88), später kann es deswegen u.a. Handlungen des Anderen nicht klar von den eigenen unterscheiden. Da nach Trevarthen und Aitken jeglicher intersubjektiver Kontakt durch Bewegungen des Körpers als Ganzem und differenzierten Teilbewegungen des Ausdrucks vermittelt wird, wirkt sich diese Beeinträchtigung unmittelbar als Schwierigkeiten im sozialen Bereich aus.

Nun wäre aber das IMF nicht von großem Nutzen, könnte es den erzeugten Motiven und Emotionen keinen Ausdruck verleihen. Dies ermöglicht das »emotionale Ausdruckssystem« (Emotional Motor System – EMS), das mit dem IMF direkt verknüpft ist. Es bildet sich gleichfalls um die 5. Gestationswoche heraus, ist aber zum Zeitpunkt der Geburt noch nicht ausgereift.

Das EMS ist in den Nervenfasern vom Rückenmark über den Hirnstamm, die limbische Region, das Cerebellum bis hin zum Neokortex verwurzelt. Über das absteigende retikuläre System wirkt es auf willentliche und unwillentliche motorische Funktionen ein, es bildet also das Handlungssystem. Das EMS produziert die kommunikativen Signale der Menschen als höchst spezifische Bewegungsformen, was die in die Gesichtsmuskulatur eingewachsenen Hirnnerven ermöglichen. Sie haben laut Trevarthen eine »kommunikationsregulierende Sekundärfunktion« (zit. nach Lüdtke, 2006, 162) evolutionär erworben[2]. Die Hirnnerven geben außerdem Rückmeldung aus dem Gesichtsbereich. Des Weiteren ist das EMS auch an der Entwicklung und Ausreifung neokortikaler Systeme, in denen Erfahrungen assimiliert werden, die der Kommunikation und der Handlung dienen, beteiligt, insbesondere in der rechten Hemisphäre, dem rechten Frontallappen und dem Kleinhirn (Trevarthen 2001, 91).

Diese beiden basalen Systeme, die als emotives Embodiment bezeichnet werden, sind bei Autisten in unterschiedlichem Ausmaß beeinträchtigt, was sich unmittelbar auf den intentionalen Austausch des Kindes mit seiner Bezugsperson auswirkt, nämlich auf die Intersubjektivität.

Als Intersubjektivität versteht Trevarthen »die geistige Fähigkeit, Absichten, Interessen und Emotionen zu haben und zu teilen, die innere Bereitschaft, diese inneren Ereignisse mit Anderen auszutauschen, um neue Ideen und Ziele zu gewinnen« (2001, 88). Er geht davon aus, dass ein Neugeborenes einige Aspekte seines Selbst, die es kommunizieren möchte, schon in sich trägt und nicht erst während seiner Kindheit durch soziale Interaktion erwirbt: Auch sind sie nicht durch kognitive Strategien bedingt und ermöglichen ihm daher schon von Anbeginn seines Seins die Teilnahme am affektiven Zustand seines Gegenübers. Intersubjektivität beinhaltet also den wechselseitigen Austausch von Motiven einerseits – *reciprocity* – und die synchrone Einfühlung und Angleichung – *attunement* – andererseits.

---

2 Z.B.: III, IV und VI: von der Augenbewegung zu emotionstransportierendem Blickaustausch, IX; X und XII von der Zungen-, Pharynx- und Larynx zum stimmlich und lautlichen Emotionsausdruck.

Es werden verschiedene Stadien der Intersubjektivität unterschieden, deren Schwerpunkt sich während der Kindesentwicklung von der rein körperlichen Regulation über das Kommunizieren von Affekten bis hin zur Kommunikation über sie verschiebt:

Schon in utero finden zwischen Mutter und Embryo intentionale reziproke Austauschprozesse statt, die als basale Intersubjektivität bekannt sind. Zu diesem Zeitpunkt existieren erstmalig Repräsentationen von Selbst und Anderem auf virtueller Ebene, auf der Ebene des entstehenden sympathischen/parasympathischen Nervensystems. Diese Alterozeption entwickelt sich mit zunehmendem Wachstum des Embryos weiter und wechselt zu dynamischen motorisch-propriozeptiven Ausdrucksbewegungen wie Lageveränderungen oder Strampelbewegungen.

Neugeborene, sogar Frühgeborene, haben die Fähigkeit zur sofortigen nonverbalen, intentional ausgerichteten Kommunikation in einem so genannten Wirzentrierten Raum. Sie teilen ihre innerpsychisch wahrgenommenen Gefühle – »motive states« – dem Gegenüber als soziale Emotionen – »emotional displays« – in Form von zeitlich koordinierten vokalen, auditiven, visuellen, fazialen und gestischen Elementen mit. Sie können Gestik und Mimik Anderer gut unterscheiden und versuchen, sie zu imitieren, dabei ist ihre eigene Mimik noch nicht voll ausgereift, vgl. EMS (Meltzoff 1985, Kugimutzakis 1993, in Trevarthen 1996, 78). Dies ist die primäre Intersubjektivität.

Dieser dyadische Austausch entwickelt sich ab der 6. Lebenswoche zu einer zyklischen Protokonversation, wobei das Baby auf Gesprächseinladungen der Mutter mit einem Muster antwortet, das Aufmerksamkeit, Lächeln, Gurren, vorsprachliche Lippen- und Zungenbewegungen und Handgesten verbindet (Trevarthen 1996, 79). Es fällt eine Kopplung der Hand mit der Kopf-Augen-Verbindung auf – »pre-reaching« – ebenso eine Hand-Mund-Koordination, die komplexer wird, wenn das Baby an einer Unterhaltung beteiligt ist.

Mit zunehmendem Alter wird der Umwelt, insbesondere Objekten, ein größeres Interesse entgegengebracht. Dies führt um den neunten Monat zur sekundären Intersubjektivität. Voraussetzung hierfür ist die Entwicklung realer kognitiv-affektiver Selbst-, Fremd-, und Objektrepräsentationen, die dem Kind eigenständige Erfahrungen in Bezug auf seine Umwelt durch intentionale Koordination ermöglichen. Die sekundäre Intersubjektivität wird durch den Einbezug eines konkreten Objekts in die bestehende Dyade gekennzeichnet. Ihr liegt der Erwerb zweier Dezentralisierungsleistungen vor: Die geteilte Aufmerksamkeit – »joint attention« – ermöglicht, dass erstmals ein gemeinsamer Aufmerksamkeitsfokus entsteht, da das Kind der Blickrichtung der Mutter folgen kann, sie ermöglicht gemeinsames Handeln. Sie ist für den Spracherwerb von großer Bedeutung, wie später näher erläutert werden wird. Die wechselseitige Aufmerksamkeit – »mutual attention« – zwischen Kommunikationspartnern ermöglicht deren gefühlsmäßige Angleichung aufgrund des Aufzeigens ihrer inneren Zustände.

Die zwei elementaren Motivkonfigurationen sind subjektive Motive (Interesse an der Umwelt) und intersubjektive Motive, die im 1. Lebensjahr unterschiedlich stark ausgeprägt sind und dadurch gegenseitig ihre Entwicklung vorantreiben (Trevarthen & Aitken 2001, 5). Dieser entstehende Wir-zentrierte Raum fungiert als ein »Übraum« für die Vorhersehbarkeit von Kohärenz und Regularität von Interaktionen und wirkt sich auf die Fähigkeit aus, zwischen Selbst und Anderen zu unterscheiden. Im Lauf der Genese wird dabei die Wahrnehmung der Welt immer differenzierter.

Anhand zweier unterschiedlicher Tests wird ersichtlich, auf welche Weise eine gestörte Kommunikation gesunde Kinder beeinträchtigt: Im »Still-or-blank-face«-Test wird untersucht, wie ein gesunder Säugling auf eine Unterbrechung bzw. den Stillstand der Kommunikation reagiert. Beim »Video-Interaktions-Replay«-Experiment wird untersucht, wie sich eine Zeit verzögerte, nicht-synchrone Kommunikation auf das Kind bzw. beide Kommunikationspartner auswirkt (Trevarthen 1998, 95/96): Beide Male zeigen die Kinder Merkmale, wie sie im ICD-10 unter den Diagnosekriterien für Autismus aufgeführt sind, bspw. Vermeidung von Augenkontakt, stereotype Ersatzhandlungen, Stress oder Traurigkeit. Hieran werden die komplexen Gefühle, die den intersubjektiven Austausch zwischen Mutter und Kind regulieren, ersichtlich. Das autistische Kind befindet sich ständig in der beschriebenen Stresssituation von unterbrochener oder Zeit versetzter Kommunikation und kann generell nicht an diesem intimen Dialog teilhaben.

Merkmale von Autismus

Bei Autisten fallen Veränderungen unterschiedlicher Gehirnstrukturen auf, die mit emotionalen Funktionen in Verbindung gebracht werden und auch der Spiegelneuronen (Gallese 2001). Es ist eine vermehrte oder aber verminderte Zelldichte zu beobachten oder aber unreife Neuronen. So gibt es offenbar keine vom Olivenkern aufsteigenden Faserbahnen zu den einzig efferenten im Kleinhirn ansässigen Purkinjezellen (Trevarthen, ebd.), was dazu führt, dass Reize ungehemmt in das Gehirn eindringen und es regelrecht überfluten. Es wird vermutet, dass Kernprozesse, die die Stabilität des Organismus sichern, wie z. B. das explorative Verhalten, die Synchronisation bei Kommunikation und das Erlernen präziser motorischer Tätigkeiten, hierdurch beeinträchtigt sind (Jantzen 2007).

Es wird eine Erweiterung der Ventrikel oder eine nur geringe Spezialisierung der Großhirnhemisphären, die jeweils unterschiedliche Funktionen innehaben, beobachtet. Dies ist begründet in einer stark verzögerten Myelinisierung des Corpus Callosum und hat einen beeinträchtigten Informationsaustausch, eine schlechte Koordination, unterschiedliche hemisphärische Aktivität und Integration zwischen ihnen zur Folge. Dies führt bspw. zu einer zeitlich (stark) verzögerten Verarbeitung, die ihrerseits eine Desorientierung bedeutet. Weiter kann es zu Problemen des simultanen Bewusstseins von Selbst und Anderem, zu Verständigungsproblemen (wegen der Schwierigkeiten der gleichzeitigen Kontrollfunktion von Verständnis und Ausdruck) oder zu Problemen beim Wechsel zwischen verschiedenen Bewusstseinszuständen (Williams 2005) kommen.

Die visuelle Stimulation, insbesondere der Blickkontakt zwischen Mutter und Kind, ist laut Schore (1994, 91) der maßgeblichste Wachstumsfaktor für die

Ausreifung des orbito-frontalen Kortex. Ihr ausdrucksvolles Gesicht ist die reichhaltigste Quelle für visuo-affektive Informationen, es dient als prägender visueller Reiz für das sich entwickelnde Nervensystem des Kindes. Hier gibt es eine Population gesichtsgerichteter Neuronen. Der frontale Kortex ist unter ständigem Einbezug von Erfahrungen an der Formung von Bindungsprozessen sowie an der Verarbeitung positiver zwischenmenschlicher Interaktionen beteiligt. Weiterhin hat er entscheidenden Einfluss auf die Ausformung der Hemisphären (ebd.). Auf neurochemischem Niveau wird dies durch dopaminerge Systeme und durch Opioide ermöglicht. Bei Autisten sind gestörte Frontalhirnfunktionen mit Auswirkungen in den genannten Bereichen zu beobachten, ferner im Bereich von Handlungs- und Planungsaufgaben, die denen von Patienten mit Frontalläsionen ähneln (Schore 1994, 89ff, Heubrock und Petermann 2000, 184). Daneben zeigen sich oft Erkrankungen, die mit dem neuroendochrinen System in Zusammenhang stehen.

Für diese Arbeit soll ein beeinträchtigtes System, und zwar das System der Spiegelneuronen[3], auch als kognitives Embodiment bekannt, näher betrachtet werden.

Das Spiegelneuronensystem

Spiegelneurone sind Neurone, die sich als psychisches System im Laufe der Phylogenese im prämotorischen Kortex unter Ausnutzung dessen funktionaler Architektur »über« dem Bewegungssystem angesiedelt haben. Sie gehören somit zum Handlungs- oder Bewegungssystem und tragen zum Bewegungsverständnis bei, haben aber dabei keinen Einfluss auf Handlungen im Außen. Sie zeichnen sich dadurch aus, dass bei der bloßen Beobachtung einer zielgerichteten Hand-Objekt-Interaktion auch im Beobachter dasselbe neuronale Potential aktiviert wird, das auch bei der eigenen Ausführung der Handlung entstünde. Neben visuellen Bereichen werden gleichzeitig motorische Neuronenkreisläufe aktiviert.

Auf diese Weise stellen sie eine Verbindung zwischen dem beobachteten Handelnden und dem Beobachter her, die, so Gallese (2001, 369 »in der Einbindung des beabsichtigten Handlungszieles in einen Körper, in einer Verkörperung« liegt. Dieser implizite, automatische und unbewusste Prozess der verborgenen Bewegungssimulation befähigt somit den Beobachter, mit eigenen Mitteln, ohne zu theoretisieren oder eine vorgefertigte Haltung einzunehmen, direkt und bedeutungsvoll in die Welt des Anderen einzudringen. Spiegelneurone erlauben somit ein simultanes, neuronal gleichwertiges Handlungsverständnis und sie stellen die neuronale Basis für die Imitation. Handlungsverständnis kann daher leitend als subpersonelle, auf neuronalen Kreisläufen beruhende Funktion mit inter-subjektivem Inhalt betrachtet werden.

Die Spiegelneurone sind bei der Durchführung einer zielgerichteten Hand-Objekt-Interaktion, wie dem Greifen oder dem Halten eines Objekts, aktiv. Sie reagieren nicht auf den Anblick des Handlungsträgers oder auf den eines Objekts allein. Das Vortäuschen einer Handlung ohne Zielobjekt aktiviert nur wenige, die

---

3 Im weiteren Verlauf »SNS« bzw. Spiegelneurone »SN«.

Ausführung durch eine maschinelle Vorrichtung aktiviert keine Spiegelneurone. F5-Neurone[4] wurden, der Handlung, mit dem Feuern verbunden ist, entsprechend klassifiziert: Es gibt »Mit-der-Hand-greif-Neurone«, »Halte-Neurone« oder »Zer-reiß-Neurone«. Die SN kodieren also nicht nur das Handlungsziel, sondern auch die Art der Handlungsausführung. Sie werden sogar aktiviert, wenn das »Ergebnis« der Handlung versteckt ist. Meist feuern sie bei einer intendierten kognitiven Hand-lung und nicht bei einer individuellen Bewegung. Neben den visuellen gibt es auch eine Klasse von audiovisuellen Neuronen, die beim Geräusch einer durchgeführten Handlung feuern.

Die Existenz des SNS im Menschen bewies Fadiga (1995 & Cochin 1998, zit. nach Gallese 2001). Bauer (2006) konnte die Kongenitalität und Funktionalität zum Zeitpunkt der Geburt belegen. Von da an beginnen unwillkürliche Handlun-gen eine Aktivierungsspur zu bahnen.

Es gibt außerdem eine andere Klasse von SN, die so genannten ›kanonischen Neurone‹ (Rizzolatti 1988 & 2000, Murata 1997, zit. nach Gallese 2001)ʾ Diese werden nur bei der Beobachtung von Objekten und bei der Ausführung Ziel bezo-gener Handlungen aktiv und nicht bei der Handlungsbeobachtung! Zwischen der Art des Greifens und der Größe und Form des zu greifenden Objekts, welches sie motorisch kodieren, besteht Kongruenz. Wozu gibt es diese unterschiedlichen Ar-ten?

Spiegelneurone vollziehen neuronal einen Handlungsabgleich, kanonische Neurone hingegen erfassen die Objektmerkmale und arbeiten sie bestmöglich in ein Bewegungsprogramm ein (Jeannerod 1995, Gallese 1996b, zit. nach Gallese 2001), um eine erfolgreiche Objekt-Handlung zu produzieren. Sogleich wird eine Kopie dieses Signals, ein so genanntes Efferenzkopiesignal, den Spiegelneuronen übermittelt. Dieses Signal fungiert als Simulator für die geplante Handlung, es er-möglicht, deren Konsequenzen vorher zusagen und dadurch eine bessere Kontroll-strategie zu erreichen. Diese Hypothese wird durch die Modelle der ›vorauseilenden Widerspiegelung‹[5] unterstützt.

Spiegelneurone und Sprache

> *Speech is comparable to a gesture because what it is charged with expressing will be in a same*
> *relation to it as the goal is to the gesture which intends it*
> (Merleau-Ponty 1960/64, 89, zit. nach Gallese 2007, 5)

Gallese behauptet, dass sich dieses ursprünglich der Bewegungskontrolle dienende System weiter entwickelt hat. Es wird heute unter Beibehaltung gleicher Funkti-onsmechanismen von dem höheren und komplexeren psychischen System Sprache überlagert und ermöglicht die Kommunikation unter Menschen. Es wird ange-

---

4 F5: Bereich des ventralen prämotorischen Kortex.

5 Modelle der »vorauseilenden Widerspiegelung«: Sie fangen die vorwärtige oder kausale Bezie-hung zwischen Handlung und Ergebnis ein, wie sie durch die Efferenzkopie signalisiert werden. Sie ermöglichen die Einschätzung von Ergebnissen von Bewegungsbefehlen.

nommen, dass der Bereich F5 im Affen mit dem Broca Areal im Menschen über-einstimmt, dafür spricht die ähnliche Verortung innerhalb des agranularen fronta-len Cortex und die starke cytoarchitektonische Ähnlichkeit. Das SNS hat das fron-toparietale System für den Bereich Sprache exaptiert (Meister & Iacoboni 2007), Sprache baut sich demzufolge über Handlungen auf. Dabei macht, laut Arbib (2005) die Imitation die Grundlage von Sprache aus.

Das SNS bei Autisten ist vielfältig beeinträchtigt, bspw. durch eine sehr ge-ringe Dichte der grauen Substanz im ventralen prämotorischen oder im hinteren Parietalkortex, der zu dem Spiegelsystem gehört (vgl. Arbib 2005). Daraus resultie-ren Probleme bei der Wahrnehmung dynamischer visueller Stimuli, insbesondere von Gesichtern (ebenso Merkfähigkeitsstörungen für Gesichter, Wahrnehmung des emotionalen Ausdrucks des Anderen und Beeinträchtigungen in der Beurteilung der Blickrichtung). Sie gehen einher mit den Schwierigkeiten, »Komponenten der rezeptiven Sprache, also die Integration der Laute und der dazugehörigen Mund-stellung« des Gegenübers zusammenzufügen (Gepner, Gelder & de Schonen 1996, zit. nach Heubrock und Petermann 2000, 184).

Autisten erleiden durch die Dysfunktion der Spiegelneurone und in Folge dessen des Nicht-Funktionierens der verkörperten Simulationsmechanismen große Defizite. Daraus folgen Schwierigkeiten bei der Herstellung bedeutungsvoller Ver-bindungen im sozialen Raum. Davon ausgehend, dass die Grundlage unserer Sozi-alkompetenz, und daraus erwachsend, unserer Sprachkompetenz in der Fähigkeit liegt, einen impliziten (einbeziehenden) und direkt geteilten Wir-zentrierten Raum zu bilden, folgt aus dieser Störung die Unfähigkeit der vollends verstehenden beab-sichtigten Angleichung mit Anderen. Daraus entstehen eine Vielzahl kognitiver und exekutiver Defizite, die die soziale Kognition unterstützen.

Schmitz (et al 2003 zit. nach Gallese 2006, 7) fand heraus, dass autistische Kinder ihre Körperhaltung auf rück liegende Ereignisse basieren, anstatt von den Modellen der vorauseilenden Spiegelung Gebrauch zu machen. Sie zeigen keine au-tomatische Nachahmung von Gesichtsausdrücken grundlegender Gefühle (McIn-tosh in Vorbereitung). Oberman (et al 2005) und Theoret (et al 2005) entdeckten die Unfähigkeit sowohl der symbolischen als auch der nicht-symbolischen Imitati-on. Nach Gallese wird dies bestimmt durch die Unfähigkeit, die Bewegungsäquiva-lenz von Vor- und Nachmacher herzustellen (u.a. zusammen mit einer gestörten Affekt-/Emotionsregulation). Während der Beobachtung und der Imitation zeigt sich bei Autisten keine Aktivierung des entsprechenden SNS.

Für den Bereich der Sprache konnte Gallese (2007b) belegen, dass bei Autis-ten Spiegelmechanismen sowohl auf phonologischem, auf semantischem und auf syntaktischem Niveau in beeinträchtigter Weise involviert sind. Insbesondere sei hervorgehoben, dass Frontalhirnsyndrome, einschließlich derer im prämotorischen Bereich, Defizite in dem Verständnis von Handlungsverben herbei führen (Bak und Hodges 2003, Bak 2006 u.a. in Gallese 2007b).

Die Sprachkompetenz von Autisten

Die Sprachkompetenz von Autisten zeichnet sich durch Merkmale aus, die der dynamischen Aphasie, wie Ljubov S. Cvetkova (1996) sie in Anlehnung an Lurija beschreibt, ähneln: Bei der dynamischen Aphasie sind die paradigmatischen Bezie-
hungssysteme und nicht die syntagmatischen, als sukzessive seriell organisierten
Prozesse gestört. Wichtige Elemente der syntaktisch organisierten Aussage sind
häufig völlig zerstört und den Patienten ist die Bildung einfachster selbständiger
Aussagen nicht möglich. Das paradigmatische Sprachsystem bleibt erhalten. Es
liegt keine Störung im Sprachgedächtnis vor, das reproduktive monologische Sprechen ist erhalten, außerdem das Schreiben und Lesen. Probleme tauchen bei der
Verwendung von aktiver spontaner Sprache auf. Sie fehlt entweder völlig oder der
Patient zeigt nur wenige Versuche zur Dialogbeteiligung. Es zeigt sich eine Verrin-
gerung in der Anzahl der Verben und eine Ortsveränderung des Verbs im Satz
(Verbendstellung). Prosodie, Rhythmik, Melodik und Intonation, also Elemente,
die ebenfalls zur Realisierung der Prädikativität beitragen, sind beeinträchtigt. Bei
der dynamischen Aphasie sind die Hirnabschnitte vor dem Broca Areal und zusätzlich die Penfield'sche Sprachzone beeinträchtigt.

Das prämotorische Sprachareal hat morpho-physiologisch eine enge Verbindung zu der Organisation motorischer Prozesse und menschlicher Tätigkeiten. Ein
synchroner zeitlicher Verlauf und dessen Übereinstimmung mit den Schemata, die
in Form von Plänen und Absichten in Erscheinung treten, werden hier gewährleistet. Bei einer Schädigung dieser prämotorischen Abschnitte kommt es somit gleichzeitig zu einer Beeinträchtigung motorischer Fertigkeiten.

Komponenten von Sprache

Sprache stellt eine der kompliziertesten Formen kortikaler Funktionen dar. Sie wird
charakterisiert durch Variabilität, Vieldeutigkeit und Verbindungen zu anderen kor-
tikalen Verknüpfungen. Im Hinblick auf die Entstehung des Sprechakts vereinigen
sich unterschiedliche Komponenten, z. B. das energetische Niveau, das die Voraussetzungen für allgemeine Aktivität, also Wachheit, Sprachintentionen und -bereit-
schaft schafft. Bei der dynamischen Aphasie fällt ein vermindertes Aktivitätsphä-
nomen auf, welches, »nach modernen Vorstellungen aus nicht formalisierten Elementen [besteht]. Es beinhaltet Emotionen und Willen, Motive und Orientierungs-
handlungen, höhere soziale Erfordernisse, geistige Interessen, Gefühle, Wünsche
usw.« (Cvetkova 1996, 48).

Im Sprechakt »verwirklichen sich Motive, Zweckmäßigkeit, Autoregulation,
Planung und Kontrolle des verbalen Verhaltens« (ebd.). Einige dieser nicht formalisierten Bestandteile von Sprache sind gestört und infolge dessen ist die Sprachaktivität des Patienten inaktiv. Diese Inaktivität ist unmittelbar mit den Störungen der
Prädikativität des Verbs verbunden, welche »die schwierigste und umfangreichste
Kategorie ist« (ebd., 49). Sie ist »konstruierendes Satzmerkmal, das Prädikat konsti-
tuierendes Mittel« (ebd., 47) und hat laut Vygotskij für die grammatische Entfaltung
des inneren Aussageprogramms eine vorrangige Bedeutung, da sie die Aussage

formuliert. *Die Verletzung des Verbs, des Hauptorganisators der Phrase, die Störung der Sprachprogrammierung auf der Ebene der inneren Sprache und Störungen der allgemeinen und Sprachaktivität bilden die Wurzeln der dynamischen Aphasie* (ebd. 49, kursive Hervorhebung durch die Autorin).

Mit der Verletzung des Verbs ist nach Vygotskij eine Störung der inneren Sprache verbunden, da hier der Übergang von der inneren zur äußeren Sprache stattfindet, der eine Umstrukturierung der Sprache, eine Umwandlung der vollkommenen selbstständigen und eigenartigen Syntax, des sinnlichen und akustischen Aufbaus der inneren Sprache in die äußere Sprache ist (Vygotskij 1952, 361, zit. nach Cvetkova 1996, 49).

Die Formierung der sukzessiven Aussage geschieht vorwiegend auf der E-bene der inneren Sprache. Nach der Formung eines inneren Motivs werden semantische, syntaktische und grammatikalische Aussageschemata gebildet, dann dynamische Satzschemata (die Objektivierung des Motivs in Gedanken), und letztlich wird die Auswahl der erforderlichen Begriffe getroffen (Cvetkova 1996, 150). Dem folgt eine Umstrukturierung zur äußeren Rede. Dieser ganze Prozess braucht Aktivität. »[G]erade die Erstellung dynamischer Satzschemata, [der Realisierung des Gedankens auf dem Niveau der inneren Sprache, für das Semantik und Prädikativität von vorrangiger Bedeutung sind], ist bei der dynamischen Aphasie gestört« (ebd., 150). Unterschiedliche Mechanismen, die zu unterschiedlichen strukturellen Sprachstörungen führen, bedürfen demnach differenzierter Methoden rehabilitativer Spracherziehung. Bevor Vorschläge zur Förderung des Sprechakts vorgestellt werden, hier noch eine Darstellung des bislang Gesagten als Entwicklungsverlauf.

Zeitlicher Prozess

Es werden die generellen Wachstumsprinzipien nach Schore (1994) zur Grundlage genommen. Sie werden ergänzt durch das Prinzip der Steuerung auf unterschiedlichen Ebenen, wie von Jantzen (2002) erbracht und wird schließlich in Thatchers Konzept der Entwicklung von Hirnprozessen als einem spiralförmig verlaufenden Prozess eingebunden (1995 in Jantzen und Meyer, in Vorbereitung, Manuskript S. 30).

Von Geburt an bestehen und funktionieren sowohl das emotive wie auch das kognitive Embodiment. In dieser Zeit ist die rechte Hemisphäre, die für die Verarbeitung emotionaler und motivationaler Prozesse zuständig ist, dominierend. Vom 3.–8. Monat an werden Selbst-, Fremd- und Objektbewusstsein integriert. Diese Inkorperiertheit ist mit dem Eintreten der Veränderungsangst, dem IV. sensomotorischem Stadium nach Piaget, beendet. Mit ca. neun Monaten wird die Mutter-Kind-Dyade durch den Erwerb der gemeinsamen Aufmerksamkeit zur Person-Person-Objekt-Triade erweitert. Im Alter von ca. einem Jahr ist das kognitive System getrennt, zu diesem Zeitpunkt präsidiert der orbito-frontale Bereich. Dies ist der erste Handlungsraum des Kindes, er ist räumlich wie auch zeitlich strukturiert. Jetzt greift das Handlungssystem in das kognitive System ein. Kinder geben in Form von handelnden Spielen, den Rollenspielen, kognitiven Prozessen Ausdruck. Dabei handeln sie unwillkürlich grammatisch im wörtlichen Sinne, sie ordnen zeitliche Geschehnisse hierarchisch an. Mit dem Erwerb von Sprache löst sich die sprachliche Handlung aus dem Handlungssystem heraus, dies beinhaltet die gleichzeitige Herauslösung der Sprachgrammatik aus der Handlungsgrammatik. In diesem Stadium präsidiert die linke Hemisphäre.

Bei Autisten sind sowohl das Zusammenspiel von IMF und EMS als Basis der Intersubjektivität und daraus hervorgehend, das kognitive Handlungssystem gestört, welches seinen Ausdruck vorerst durch Bewegungen erfährt. Die beiden Wörter »Motiv« und »Emotion«, die bei der Beschäftigung mit Autismus an vorderster Stelle stehen, haben etymologisch dieselbe Wurzel, das lateinische »movere« – »bewegen«. Bewegungen sind zeitlich gebundene Prozesse, ebenso sind es Motive und Emotionen. Genau hier liegt Autismus begründet, nämlich in den Schwierigkeiten der Verarbeitung motivationaler und emotionaler Prozesse, sowohl im Selbst, wie auch in sozialen Beziehungen zum Anderen.

Seitdem sich der Mensch in seiner Phylogenese die Sprache angeeignet hat, ist sie als höchste Form des menschlichen Bewusstseins ein untrennbarer Bestandteil seines Selbst. Die all durchdringende Störung des Selbst bei Autisten ist unmittelbar mit der Kommunikationskompetenz verwoben, dies bedeutet, dass die zeitlichen Prozesse von Sprache, wiedergegeben durch das Prädikat, gleichermaßen betroffen sind. Dies wiederum hat eine andere Strukturierung des semantischen Feldes von Autisten, zu Folge.

Resümee

Bei der Einbettung der erläuterten Fakten in das eingangs vorgestellte Konzept von Defekt und Kompensation ergibt sich ein neues Bild von Autismus:

- Den primären Defekt stellt die pränatale Entwicklungsstörung sowohl des Systems der Selbstorganisationsprozesse wie auch dem hieraus hervorgehendem System von Selbst und Anderem, das sich körperlich als IMF und EMS manifestiert.
- Der sekundäre Defekt sind verschiedene Störungen in der Genese sich nachfolgend ausbildender Strukturen und Funktionen. Dabei stellt die Beeinträchtigung des Spiegelneuronensystems und somit der Sprache einen Teilbereich dessen dar.
- Als tertiärer Defekt im Sinne einer positiven Regulierung[6] kann z.B. einerseits die Konzentration auf bestimmte eingeschränkte Bereiche genannt werden, durch die eine ökologische Nutzung des Gehirns gewährleistet wird. Andererseits können Dissoziationsmechanismen, wie von Williams (2005) beschrieben, als Beispiel für pathogene Kompensationsmechanismen gelten. – Daneben können Kompensationsprozesse immer durch den Bau sozialer Brücken ermöglicht werden.

---

6 Dieser Bereich wurde im diesem Artikel nicht explizit erläutert, soll aber der Vollständigkeit halber nicht unerwähnt bleiben.

Rehabilitive Maßnahmen

Die Förderung der Kommunikation von Autisten kann auf unterschiedlichen Wegen erreicht werden. Da die Sprachkompetenzen denen von Patienten mit dynamischer Aphasie entspricht, wird hier der betreffende Therapieansatz nach Cvetkova (1996) vorgestellt. Sie propagiert die Funktionstherapie durch grundlegende Reorganisation funktioneller Systeme. Die Hauptaufgabe dabei ist »die Wiederherstellung der aktiven mündlichen, zusammenhängenden Sprache durch Restitution der prädikativen Sprachverbindungen und des syntaktischen Aussageschemas« (ebd., 160) auf Grundlage intakter Analysatoren.

Diese Therapie basiert auf der »unbedingten Notwendigkeit der Materialisierung der Operationen mit nachfolgender Interiorisierung der restituierenden Tätigkeiten. Letzteres beruht auf der allmählichen Reduzierung der erforderlichen Operationen durch ihre Übertragung auf ein anderes Ausführungsniveau und die Automatisierung der Sprechhandlung« (ebd., 161). Da die Planung und Programmierung der äußeren Sprache als eine Funktion der inneren Sprache besteht, kann sich der Therapeut sowohl an der äußeren Aussageprogrammierung als auch am Umgang mit Wortbildern orientieren.

Dieses Trainingsprogramm beginnt mit einem räumlich strukturierten Handlungsprogramm und geht zu einem zeitlich strukturierten Handlungsprogramm über. Hierbei zielt es auf die »sukzessive[...] Übertragung ihrer einzelnen Punkte auf die Ebene des lauten Sprechens« (ebd., 160). Anfangs werden viele äußere Hilfsmittel benutzt und der Therapeut bzw. Pädagoge spielt eine tragende Rolle, im Laufe des Prozesses wird die Anzahl der Hilfsmittel vermindert und der Schüler führt immer mehr Teile der Operation, bis hin zur gesamten Operation (einschließlich der Planungsstruktur), selbständig aus. Die Therapieziele und die dabei verwendeten Methoden sind:
1. Enthemmung der Sprache
2. Wiederherstellung der Sprachprädikativität
3. Wiederherstellung des selbständigen Sprechens.

Ausblick

Die Erklärung von Autismus durch Trevarthen und Mitarbeiter als einem hirnphysiologischen Defekt ist nunmehr 14 Jahre alt. Seit der Veröffentlichung dieser Forschungsergebnisse wurde das ICD-10 drei Mal neu aufgelegt, zumindest einmal als »vollständig überarbeitete Neuauflage«. Hierbei wurden Trevarthens et al. Befunde bisher nicht berücksichtigt. Ich hoffe, dass durch vorliegende Darstellung einige der Klassifikationsmerkmale in neuer Weise gewichtet und gewürdigt werden.

Es wurde deutlich, dass der Begriff Autismus als irreführend zu betrachten ist, da seitens Betroffener keinerlei aktives Bestreben vorliegt, »für sich zu sein«. Vielmehr ist ironischerweise genau das Gegenteil der Fall! Folglich wäre eine verifizierende Begriffsveränderung, wie sie sich im Fall von Trisomie 21, dem ehemaligen Mongoloismus, durchgesetzt hat, anzuregen.

Im Hinblick auf pädagogische Prozesse im Schulalltag gebe ich dem »Mozart der Psychologie« (Toulmin 1978, zit. nach Kölbl 2006, 31) das Schlusswort: »Kinder mit dem gleichen Entwicklungsniveau widersprechen dem Grundgedanken der Entwicklung eines höheren psychischen Niveaus und der Vorstellung über die Vielfalt und Dynamik psychischer Funktionen beim Kinde überhaupt und beim geistig behinderten insbesondere« (Vygotskij 1983, 121, zit. nach Jantzen 2001). Im gesellschaftlichen Einbezug hingegen liegen die besten Möglichkeiten zur Wiederherstellung von Sprache, denn »Quelle und Nährboden der Entwicklung höherer psychischer Funktionen bildet das intellektuell heterogen zusammengesetzte Kollektiv der Kinder« (ebd.).

Literatur

Arbib, Michael (2005): From monkey-like action recognition to human language: An evolutionary framework for neurolinguistics, Behavioral and Brain Sciences, 28, S. 105–167 – Bauer, Joachim (2006): Warum ich fühle, was du fühlst, 5. Auflage, Wilhelm Heyne, München – Bråten, Stein (1998): Intersubjective Communication and Emotion in Early Ontogeny, Cambridge University Press – Bußmann, Hadumod (2002): Lexikon der Sprachwissenschaft, Kröner, Stuttgart – Cvetkova, Ljubov‹ S. (1996): Neuropsychologie und Rehabilitation von Sprache und intellektueller Tätigkeit, LIT Verlag, Münster – Dilling, H. & Freyberger, H. J. (2008): Taschenführer zur ICD-10-Klassifikation psychischer Störungen, 4. überarbeitete Auflage, Hans Huber, Bern – Gallese, Vittorio (2007a): Before and below ›theory of mind‹: embodied simulation and the neural correlates of social cognition, in: Philosophical Transactions of the Royal Society, Vol. 362, 659–669 – Gallese, Vittorio (2007b): Mirror neurons and the social nature of language:The neural exploitation hypothesis, Social Neuroscience, Band 3, Heft 3 & 4, September 2007, 317–333 – Gallese, Vittorio (2001): The ›Shared Manifold‹ Hypothesis, Journal of Consciousness Studies, Nr. 5–7, 33–50 – Heubrock, Dieter & Petermann, Franz (2000): Lehrbuch der Klinischen Kinderneuropsychologie, Hogrefe, Göttingen – Jantzen, Wolfgang & Meyer, Dagmar (in Vorbereitung): Isolation und Entwicklungspsychopathologie. in: Feuser; Georg & Herz, Birgit (Hrsg.): Emotionen und Persönlichkeit, Bd. 10 des Enzyklopädischen Handbuchs der Behindertenpädagogik »Behinderung, Bildung und Partizipation« (Hrsg. Jantzen, W., Beck, I., Feuser, G., Wachtel, P.), Kohlhammer, Stuttgart – Jantzen, Wolfgang (2007): Biologismus in neuem Gewand – eine neuropsychologische Kritik der Rede von »Verhaltensphänotypen«, Vortrag auf dem Sonderpädagogischen Kongress »Erziehung und Unterricht – Visionen und Wirklichkeiten« im Rahmen des Forums zur Verhaltensgenetik am 22.3.2007 in Frankfurt/Main – Klatt, Martina (2007): Die pränatale Entwicklung, Lehmanns Media LOB.de, Berlin – Kölbl, Carlos (2006): Die Psychologie der kulturhistorischen Schule, Vandenhoeck & Ruprecht, Göttingen – Lüdtke, Ulrike (2006): Emotion und Sprache: Neurowissenschaftliche und linguistische Relationen, Die Sprachheilarbeit, 4, S. 160–175 – Meister, Ingo G. & Iacoboni, Marco (2007): No Language-Specific Activation during Linguistic Processing of Observed Actions, PloS ONE, www.plosone.org, Zugriff am 16.12.2008 – Petermann, Franz, Kusch, Michael & Niebank, (1998): Entwicklungspsychopathologie, ein Lehrbuch, Beltz, Weinheim, Basel – Pschyrembel (2002): Klinisches Wörterbuch, 259. Auflage, de Gruyter GmbH & Co KG, Berlin & New York – Reddy, Vasudevi & Trevarthen, Colwyn (2004): What we can learn about Babies from Engaging with their Emotions, Zero to Three, Vol. 24, No. 3, S. 9–15 – Rizzolatti, Giacomo, Craighero, L. & Fadiga, L. (2002): The mirror system in humans in: Stamenov, M. I. & Gallese, V. (Hrsg.): Mirror neurons and the evolution of brain and language. Amsterdam (u.a.), S. 37–59 – Rizzolatti, Giacomo & Arbib, Michael A. (1998): Language within our grasp, Trends in Neurosciences, Vol. 21, Nr. 5, S. 188–194 – Schore, Allan (1994): Affect regulation and the Origin of the Self, Lawrence Erlbaum Associates, Publishers, Hillsdale – Stamenov, I. Maxim & Gallese, Vittorio (2002): Mirror Neurons and the Evolution of Brain and Language, John Benjamins Publ. Company; Amsterdam, Philadelphia – Trevarthen,

Colwyn & Daniel, Stuart (2005): Rhythm and synchrony in Early Development, and Signs of Autism and Rett Syndrome in Infancy, Brain and Development, Vol. 27, S. 25–34 – Trevarthen, Colwyn (2002): Autism, Sympathy of motives and music therapy, Enfance 2002/1, Volume 54, S. 86–99 – Trevarthen, Colwyn, Aitken, Kenneth, Papoudi, Despina & Robarts, Jaqueline (1998): Children with Autism, Jessica Kingsley Publishers, London – Trevarthen, Colwyn, Aitken, Kenneth, Papoudi, Despina & Robarts, Jaqueline (1996): Children with Autism, Jessica Kingsley Publishers, London – Vygotskij, Lev S. (1983): Zur Frage kompensatorischer Prozesse in der Entwicklung des geistig behinderten Kindes, in: Jantzen, Wolfgang (Hrsg.) (2001): Jeder Mensch kann lernen – Perspektiven einer kulturhistorischen (Behinderten-)Pädagogik, Luch-terhand Berlin, S. 115–136 – Walle, J. H. & Feirtag, Michael (1990): Neuroanatomie, eine Einführung, Spektrum der Wissenschaft, Heidelberg – Williams, Donna (2005): Autism, An Inside-Out Approach, 6th impression of the British edition, Jessica Kingsley Publishers, London

Anschrift der Verfasserin: Susanne Ott
                                   Paschenburgstr. 65, 28211 Bremen
                                   E-Mail: sott@uni-bremen.de

* * *

Nadine Möller

Wege in das Betreute Wohnen unter dem Leitbild *Selbstbestimmung*

Die Leitidee *Selbstbestimmung* hat sich seit den 1990er Jahren zu einer zentralen handlungsleitenden Kategorie der Behindertenhilfe etabliert. Sie ist zum Leitbild avanciert, deren Umsetzung nun auch für Menschen mit sogenannter geistiger Behinderung[1] unumgänglich eingefordert wird. *Selbstbestimmung* ist dabei nicht allein Ziel pädagogischer Maßnahmen, sondern gilt als anthropologische Grundannahme (Fornefeld 2009, 183ff.).

Für das pädagogische Handeln ist damit eine paradoxale Grundstruktur angelegt, die zwar seit Kants berühmten Satz »Wie kultiviere ich die Freiheit bei dem Zwange?« (Kant 1803, 711) zum Allgemeingut pädagogischen Wissens gehört, doch damit als Frage nur aufgeworfen und beileibe nicht beantwortet ist[2]. Insbesondere im Bereich der Geistigbehindertenpädagogik sind Antinomien pädagogischen Handelns zu beobachten, die sich aus dieser paradoxalen Grundstruktur einer professionalisierungsbedürftigen sonderpädagogischen Praxis und Wissenschaft ergeben (vgl. weiterführend Combe/Helsper 1996, 9ff.):

So wird Selbstbestimmung als Handlungsmaxime propagiert, Fürsorge und Betreuung dagegen mit einem zu überwindenden Paternalismus gleichgesetzt und als Fremdbestimmung abgelehnt (Theunissen 2007, 49). Dadurch eröffnet sich eine pädagogische Praxis, in der unklar bleibt, wie man den Menschen gerecht werden kann, die fortdauernd auf Hilfe angewiesen sein werden.

Zu vermuten sind eine »Überforderung der Praxis« in der Konfrontation mit neuen Anforderungen, die verunsichern. So zieht der Staat sich aus der sozialen Verantwortung zurück und macht der Zwang zur Selbstgestaltung und »Selbstoptimierung« (Bröckling 2007) auch vor Menschen mit sogenannter geistiger Behinderung nicht halt, wenn sie sich auf die Versprechungen des Leitbildes einlassen. Gerät Selbstbestimmung dabei zur Forderung an den Einzelnen[3], so wird die Freiheit zur Pflicht (Pitsch 2006, 233). Es besteht dann die Gefahr, dass Betroffene mit normativen Ansprüchen auch von Seiten der sie begleitenden Pädagogik konfrontiert werden, die ihre eigenen Lebensentwürfe und Möglichkeiten der Lebensgestaltung entwerten.

---

1 In der umstrittenen Verwendung des Begriffs »Geistige Behinderung« sehe ich eine eigene Positionierung in der Beschreibung »Menschen mit sogenannter geistiger Behinderung«. Im Beifügen des Wortes »sogenannt« finde ich die zur Zeit einzige Möglichkeit, einen Personenkreis zutreffend zu umschreiben, den eine mir bisher nicht nachvollziehbare, allen gemeinsame »Behinderung im Geistigen« verbinden soll, der Betroffenen einzige Gemeinsamkeit ich aber nur darin fassen kann, dass sie in einem Zuschreibungsprozess eben so genannt werden (vgl. Möller 2010a, 31ff.).

2 Vgl. das in der Auseinandersetzung mit Hegel und Kant zu umschreibende »Paradox der sozial vermittelten Autonomie« bei Pinkard (2007, 206ff.).

3 Als Zugeständnis an die Lesbarkeit verwende ich folgend die männliche Form. Die weibliche ist immer mitgedacht.

In der im Leitbild angelegten Handlungsaufforderung »Sei selbstbestimmt!« zeigt sich das Paradox einer verordneten Autonomie, da dieser zu folgen nicht mehr bedeutet, als Gehorsam zu zeigen und die eigene Selbstbestimmung aufzugeben (Katzenbach/Uphoff 2008, 69ff.). Diese und andere Antinomien pädagogischen Handelns gilt es bei der Umsetzung des Leitbildes gezielt zu hinterfragen und zu reflektieren, da sie zu subtilen Formen der Entmündigung führen können. Doch bleiben die damit verbundenen Widersprüche in den bisherigen Handlungskonzepten zu unbestimmt, werden tendenziell tabuisiert, so dass anzunehmen ist, dass deren Auswirkungen auf die sonderpädagogische Praxis und das Individuum unterschätzt werden (ebd.).

Die hier vorgestellte Fallstudie setzt sich mit der Wirkung des Leitbildes »Selbstbestimmung« auf die sonderpädagogische Praxis und insbesondere auf Menschen mit sogenannter geistiger Behinderung anhand des Handlungsfeldes Wohnen auseinander. Wohnen als zentraler Lebensraum muss als eine der Grundlagen zur Beurteilung individueller Lebensqualität angesehen werden (Hahn 2009, 35, Sonnenberg 2004). Die Bedingungen unter denen ein Übergang vom Wohnheim in eine ambulant betreute und damit dem Leitbild scheinbar am nächsten kommende Wohnform stattfindet und deren Wirkung auf das Individuum, erschienen zur Untersuchung von Möglichkeiten und Schwierigkeiten der sonderpädagogischen Praxis, des Leitbildes *Selbstbestimmung* und der *autonomen Lebenspraxis*[4] eines Menschen als besonders relevant. Im Mittelpunkt der Fallstudie steht daher ein sequenzanalytisch rekonstruiertes Interview mit einem in das Betreute Wohnen gezogenen jungen Mannes. Ein weiteres Interview mit dem ihn begleitenden Betreuer wurde rekonstruiert, ein Interview mit der betroffenen Leitung als Kontextwissen herangezogen, so dass ein besonderes Augenmerk auch auf die institutionelle Ebene gelegt wurde, d. h. auf die professionelle Haltung der Menschen, die diesen Prozess begleiteten[5].

Der Versuch eines subjektorientierten Zugangs: Methodenwahl

Zur Datenerhebung wurde eine leitfadengestützte Interviewmethode mit narrativen Anteilen verwendet, um den Fokus des Interesses weitestgehend auf die subjektive Sicht der Interviewten als Experten ihrer Lebenspraxis zu legen, dabei aber die Frage nach der Wohnsituation nicht aus dem Auge zu verlieren.

In der Analyse des erhobenen Materials wurde sich an der von Ulrich Oevermann entwickelten Methodologie der Objektiven Hermeneutik (u. a. Oevermann 1981, 2000, 2002) orientiert und im Rahmen einer Interpretationsgruppe sequenzanalytisch vorgegangen.

---

4 Autonome Lebenspraxis stellt sich als Idealtypus dar und ist allen Menschen als solche zu unterstellen (Oevermann 2000, 131).

5 »Da sich Selbstbestimmung immer in sozialen Kontexten bewegt, [sind] über die individuelle Ebene hinaus auch weitere Ebenen, von der institutionellen bis zur gesellschaftlichen [...] zu hinterfragen bzw. zu befragen, ob sie zur Entfaltung oder Hemmung von Selbstbestimmung beitragen« (Mesdag/Hitzel 2008, 185).

Es wurden insgesamt neun Interviews geführt, davon sechs mit ins Betreute Wohnen umgezogenen Interviewpartnern und drei mit Betreuern, die diesen Prozess begleiteten. Im Rahmen der hier vorgestellten Fallstudie wurden zwei der Interviews sequenzanalytisch rekonstruiert (davon 3 Sequenzen eines Interviews mit Bewohner, 2 Sequenzen eines Interviews mit Betreuer).

Im Rahmen dieses Artikels kann nur am Rande auf die angewandte Erhebungs- und Auswertungsmethode eingegangen werden. Insbesondere kann keine Erörterung grundsätzlicher Probleme und Konfliktfelder, die es in der Befragung von Menschen mit sogenannter geistiger Behinderung nach Sichtung der Literatur zu beachten gilt, vorgenommen werden[6]. Für das Verständnis von Grundlagen der Objektiven Hermeneutik und ihre Interpretationsprinzipien muss auf die Veröffentlichungen von Oevermann (1981, 2000, 2002) und Wernet (2006) verwiesen werden. Da sich aber »das grundsätzliche Problem des Fremdverstehens [...] im Bereich der Geistigbehindertenpädagogik offenbar in verschärfter Form« stellt (Katzenbach 2004b, 326) und sich nur wenige Forschungsansätze in diesem Feld finden[7], wird im Anschluss an die Analyse der Bezug zum Phänomen der sogenannten geistigen Behinderung verstärkt berücksichtigt und diskutiert.

Es folgt nun ein Auszug aus der Fallrekonstruktion des Interviews mit Herrn Rudolf[8], ein in das Betreute Wohnen gezogener Mann mit sogenannter geistiger Behinderung.

Beispiele aus der Sequenzanalyse:
Zwischen normativem Anspruch und Lebensrealität

I.: Und bei der Suche der Wohnung, was mussten Sie da alles machen? Brauchten Sie da Hilfe?
Herr Rudolf: Nee, die Frau Zürich und die Frau Becker haben sich dadrum gekümmert.

Herr Rudolf verneint die Frage, ob er denn Hilfe brauchte. Er führt aber fort, dass sich Frau Zürich und Frau Becker (Betreuerinnen aus dem Wohnheim, in dem er zuvor lebte, N.M.) um die Wohnungssuche gekümmert haben. Dies klingt zunächst nach einem Widerspruch, denn wenn sich beide Betreuerinnen gekümmert haben, haben sie doch auch geholfen. Nur haben sie ihm eben nicht geholfen, sondern sich *dadrum gekümmert.* Herr Rudolf transportiert damit, dass sie diese umfassend übernommen, bzw. ihm abgenommen haben und er dies als selbstverständliche Dienstleistung einordnet, die Wohnungssuche also nicht zum eigenen Aufgabenbe-

---

6 Mesdag/Hitzel (2008) gehen davon aus, dass subjektimmanenten Besonderheiten auch auf die Durchführung von Befragungen wirken (ebd., 174) und stellen daher besondere Kriterien für die Datenerhebung auf (ebd., 182). Insbesondere Hagen (2002) und Buchner (2008) bestärken die Annahme, dass Besonderheiten in der Befragung von Menschen mit sogenannter geistiger Behinderung zu beachten sind (weiterführend Möller 2009, 33ff.).

7 Bekannt sind bisher nur die sequenzanalytischen Fallrekonstruktionen zweier Kurseinheiten der Erwachsenenbildung mit Menschen mit sogenannter geistiger Behinderung von Uphoff (2008) und Fallrekonstruktionen zum Thema Identitätsarbeit Jugendlicher mit sogenannter geistiger Behinderung von Langner (2009).

8 Alle Namen und Daten wurden vollständig anonymisiert.

reich gehört. Die von der Interviewerin unterstellte Rolle des Akteurs trifft dann nicht zu. So versteht er es nicht als Hilfe, da er die Wohnungssuche gar nicht selbst betrieb.

> **Herr Rudolf:** *Und hätte ich jetzt alleine gesucht, 'ne Wohnung, dann hätte ich Hilfe gebraucht.*

Hier zeigt sich, dass es für ihn keine Selbstverständlichkeit ist, dass sich Frau Zürich und Frau Becker um die Wohnungssuche gekümmert haben. Er weiß um den Unterschied, transportiert mit der Möglichkeit, dass er »*alleine*« hätte suchen können das Gegenstück zu »aber wir haben ja gemeinsam/zusammen gesucht«. Er sagt nicht »*hätte ich jetzt* selbst *gesucht*«, womit er ein reales unbeteiligt sein unterstrichen hätte. Es muss nun doch von einer Beteiligung ausgegangen werden. Welche Rolle er dabei gespielt hat, bleibt aber weiterhin unklar. Er verneint die Hilfe, da sich Frau Zürich und Frau Becker um alles gekümmert haben, transportiert aber, dass er doch beteiligt war. Daraus kann gelesen werden, dass er vergleichbar mit der Rolle und Aufgabe eines Statisten zwar beteiligt (notwendig für das gesamte Bühnenbild), aber nicht als aktiv Handelnder (kein wirklicher Handlungsakteur, für das ganze Stück eher unbedeutend) teilgenommen hat, wodurch er die Wohnungssuche nicht selbstwirksam hat (mit-) gestalten können. Hätte er aber alleine gesucht, in seinem eigenen Prozess der Wohnungssuche, hätte er dafür Unterstützung benötigt und diese Unterstützung auch als Hilfe bewertet.

> **Herr Rudolf:** *Da hätte ich Hilfe gebraucht, ja, schon. So, in der Zeitung zu gucken und da 'ne Wohnung zu suchen oder im Internet gucken bei der Frau Zürich halt, ob sie mir mal was ausdrucken kann und da hätt ich schon gefragt und die hätte dann bestimmt auch gesagt, ist in Ordnung, ich suche Dir 'ne Wohnung, kein Problem, ja.*

Diese Passage spiegelt seine Schwierigkeit wider, auch nur imaginär den Prozess einer aktiven Wohnungssuche in der Hand zu behalten. Er zählt hier auf, was er alles hätte tun müssen, auch dass er um Hilfe gefragt hätte. Der Ausspruch »*und die hätte dann bestimmt auch gesagt*« ließe erwarten, dass Frau Zürich ihm zustimmend geholfen hätte, in seinem Sinne reagiert hätte, denn das »*auch*« steht hier für Kontinuität. Sie bestätigt seine imaginäre Anfrage nach Hilfe zunächst auch, würde sagen »*ist in Ordnung*«, doch es folgt statt dessen eine vorgestellte Aufgabenübernahme: »*ich such Dir 'ne Wohnung, kein Problem, ja*«.

Widersprüche und logische Brüche

Es scheint sich für ihn als eine kausale Abfolge darzustellen, dass ein selbst agieren und um Hilfe anfragen ganz selbstverständlich zu einer Verantwortungsübernahme durch Frau Zürich führen muss, die ihm sogleich die eigentliche Aufgabe entzieht.

> **Herr Rudolf:** *Ich wollte ja auch alleine wohnen, erst mal und dann hab' ich so gemeint zu der, hat die Frau Zürich mich gefragt: Jemand zieht mit Dir zusammen …*

Er setzt zu einer Erklärung an, in der er der Akteur ist, verliert sich in der Folge aber in der widersprüchlichen Aussage, dass Frau Zürich ihn gefragt hat. Wer in seiner Erzählung der Akteur ist und wer etwas zu sagen hat, bleibt unklar.

Es zieht sich durch die gesamte Analyse, dass nicht deutlich wird, wer eigentlich agiert. Er bettet seine Erfahrungen weder konstant in einen Hilfekontext, noch in eine selbstbestimmte und autonome Lebenspraxis, sondern schwankt widersprüchlich zwischen dem »ich bestimme selbst«, »den Anderen, die mich bestimmen lassen« und den »Anderen, die über mich bestimmen«.

Statt die angekündigte Frage zu formulieren, gibt er die Feststellung einer Tatsache durch Frau Zürich wieder: »*Jemand zieht mit Dir zusammen*«. An der gebrochenen Rede wird deutlich, dass etwas in ihm und in seiner Umwelt inkonsistent ist. Er hat schon internalisiert, wie die Erwartungen an Selbstbestimmung erfüllt werden können: Zunächst bringt er sich als Akteur mit eigener Meinung ins Spiel (»*erst mal und dann hab' ich so gemeint zu der ...*«), der wenn er schon nicht selbst über seine Wohnform entscheiden kann, doch zumindest dazu gefragt wird, ob er einverstanden ist (»*hat die Frau Zürich mich gefragt:*«). Seine Realität spiegelt sich aber in einem logischen Bruch wider: In der Frage, die keine Frage ist. Es lässt sich nun vermuten, dass sein Wunsch alleine zu wohnen gescheitert ist, es sei denn, er lehnt sich nun dagegen auf, durch Frau Zürich vor vollendete Tatsachen gestellt zu werden. Möglich ist auch, dass er sich in Folge resigniert anpasst und mit dieser Fremdbestimmung abfindet. Dies wiederum spräche gegen das Vorhandensein von sogenannten Regiekompetenzen (Gromann/Niehoff-Dittmann 1999, 156ff.).

Zerrissenheit zwischen normativem Anspruch und Lebensrealität

Da seine Realität eine andere ist, zeigt er vermutlich vermehrt sprachliche und logische Brüche (z.B. in der Beschreibung seines Hilfesystems) als Ausdruck seiner Zerrissenheit zwischen normativem Anspruch und Lebensrealität. Eine Erklärung könnten Widersprüche in der Betreuung sein, so dass die Betreuer von Selbstbestimmung sprechen, gleichzeitig natürlich ihre Fürsorgepflicht wahrnehmen. Herr Rudolf würde dann Fürsorge nicht mehr einfach so empfangen können, sondern könnte versuchen, dem auch gerecht zu werden (eben selbstbestimmt zu sein). Herr Rudolf scheint zu versuchen, ein dem Leitbild entsprechend korrektes Bild vom Menschen mit sogenannter geistiger Behinderung, der nun selbstbestimmter ist, zu konstruieren, sieht aber gleichzeitig die Fakten seiner durch Fremdbestimmung geprägten Lebensrealität. Bei der komplexen Einschätzung dessen, was Fürsorge und was Selbstbestimmung ist, scheint er durcheinander zu kommen und schafft es nicht, die Widersprüche sprachlich aufzulösen. Es stellt sich daher die Frage nach seinen Möglichkeiten der Einflussnahme auf durch die Einrichtung und der am Wechsel Beteiligten vorgegebenen Regelungen und Entscheidungen, an dieser Stelle besonders in Bezug auf den Wechsel seiner Wohnsituation[9].

---

9 Nur wer zwischen dem Wohnen in seiner Familie, in der eigenen Wohnung, mit/ohne Partner oder Partnerin und zwischen Wohngemeinschaft oder auch Wohnheim wählen kann, kann für diesen Lebensbereich selbst bestimmen (vgl. von Lüpke 1994, Niehoff 2007, 125).

Herr Rudolf: *Und ich dann: wer denn, ja? Ja, lass' Dich überraschen! Sie weiß, sie wusste es nicht und ich hab' mich überraschen lassen, ja und dann kam er eben, der Herr PunktPunktPunktMann, mein Mitbewohner eben halt.*

Seinem Wunsch, alleine zu wohnen, wurde nicht entsprochen, seine künftige Wohnform wird durch andere bestimmt und er zeigt in der Konfrontation mit diesem Sachverhalt eine irritierende Ruhe. Statt die Entscheidung anzuzweifeln (»Warum?«), zu verhandeln (»aber«) oder zu bewerten (»find ich gut/schlecht«), scheint die einzige Frage, die ihm nach dieser Feststellung durch Frau Zürich möglich ist, die Frage danach, »wer denn« mit ihm zusammenziehen wird. Er fügt sich in sein Schicksal, nicht selbst zu bestimmen, möchte nur noch wissen, was bestimmt wurde. Sein Versuch, zumindest dies zu erfahren, wird mit einer vertröstenden Antwort durch Frau Zürich quittiert, die einem Kind würdig ist, das z.B. aufgeregt danach fragt, wer überraschend zu Besuch kommen wird. Sie erkennt den Ernst der Situation nicht an und auch hier reagiert er gelassen. Das Vorgehen irritiert ihn nicht, sondern scheint normale Routine für ihn zu sein.

In der Antizipierung der von der Interviewerin angekündigten Anonymisierung auf seinen Mitbewohner zeigt sich seine Reflexionsfähigkeit, wobei er seinen Mitbewohner nicht einfach einführt, sondern jene gleichbedeutenden Modalpartikel »eben« und »halt« einschiebt, die beide das Merkmal der Erwartung beinhalten. Durch sie kann der Sprecher einer Feststellung den Charakter eines offensichtlich erwartbaren Sachverhalts verleihen (Weinrich 2003, 848ff.). Es zeigt sich darin genau jene Zerrissenheit zwischen dem »eben«, das als Synonym für ein trotziges Bestätigen eines hier ungewollten, aber zu erwartenden Sachverhaltes dient und dem »halt«, das weniger schwer, eher verlegen, als in das unabwendbare Schicksal ergebend verstanden werden kann und damit eine resignative Konnotation annimmt (ebd., 849). Wie schon festgestellt, geht die Initiative zur sogenannten »Wohngemeinschaft« nicht von dem Interviewten aus, was sich nun auch in seiner Passivität ausdrückt. Der Mitbewohner »kam dann eben halt« und Herr Rudolf ergab sich resignativ in sein Schicksal.

Betreuungsstil prägt Widersprüche

Es ist festzustellen, dass ein auf Mitbestimmung beruhender Betreuungsstil im Sinne der Selbstbestimmung hier nicht vorhanden ist. Dass Herr Rudolf erst mal alleine wohnen wollte, mag zum einen nicht umsetzbar gewesen sein. Dass er noch nicht einmal auf Anfrage erfährt, mit wem er zusammen ziehen muss, er auch hier kein Mitspracherecht hat, lässt grundlegende Schlüsse auf die Art und Weise der Betreuung zu:

Es scheint dem Zufall überlassen, wer sich als Mitbewohner anbieten wird und lässt auf Wohnheimstrukturen schließen, die auf das Betreute Wohnen übertragen wurden. Wer sich anmeldet kommt auf die Warteliste und wenn ein Platz frei wird, wird das Zimmer besetzt.

Es kann nicht von einer Anerkennung des Individuums als autonomem Wesen ausgegangen werden, denn es wird dem Interviewten ein Maß an Selbstbestimmung per se aberkannt, von dem niemand wissen kann, ob er es unter anderen Umständen erreichen würde. Er kann – das wird in dieser Sequenz sehr deutlich – keine Verantwortung für seinen Wohnungswechsel übernehmen, da er in wichtige Entscheidungsprozesse nicht mit einbezogen wird. Ihm wird damit nicht zugetraut, Negativerlebnisse zu überwinden und ein möglicher Misserfolg durch eine Fehlentscheidung bleibt ihm vorenthalten. Es kann durchaus sinnvoll und professionell sein, einen negativen Impuls stellvertretend für einen Schutzbefohlenen oder zu Betreuenden aufzunehmen, jedoch scheint das Handeln der Betreuerin Frau Zürich hier ambivalent: Auf der einen Seite wird ein selbstbestimmtes Wohnen und selbstbestimmteres Leben angestrebt, auf der anderen Seite dem Interviewten nicht zugetraut, Krisen auszuhalten und autonom in Routinen überführen zu können. Eine solche (vielleicht auch notwendige) Fremdbestimmung zeigt einen grundlegenden Widerspruch in der Arbeit mit Menschen mit sogenannter geistiger Behinderung unter dem Leitbild Selbstbestimmung auf, denn es ist für eine autonome Lebenspraxis konstitutiv, Phänomene wie Krisen, Spannungen und Rückschläge auszuhalten. Dies deutet auf einen in diesem Fall herrschenden Habitus in der Betreuung hin, der einen tendenziell bevormundenden, statt anerkennenden Stil vermuten lässt, da nicht nur die Situation für den zu betreuenden Menschen gedeutet wird, sondern auch stellvertretend Handlungsentscheidungen getätigt werden. Die Situation, dass Herr Rudolf in eine selbstbestimmtere Wohnform wechseln soll, hierbei aber unverhältnismäßig bevormundet wird, zeigt sich damit widersprüchlich und kann die Unsicherheiten des Herrn Rudolf in der Wahrnehmung und Darstellung seiner Situation erklären.

Die logischen Brüche im Interview mit Herrn Rudolf können in seiner Unsicherheit darüber begründet liegen, wer in diesen ambivalenten, undurchsichtigen und inkonsistenten Betreuungsstrukturen wirklich etwas zu sagen hat und wann agiert: Nach wie vor die Betreuer oder er selbst nun selbstbestimmt.

Er befände sich dann im Widerspruch zwischen dem normativen Anspruch eines nun selbstbestimmten Menschen mit sogenannter geistiger Behinderung und seiner durch das Paradox verordneter Autonomie bestimmten Lebensrealität.

Beides wird anhand der ambivalenten Situation des Betreuers Herrn Müller und seinen Lösungsstrategien noch deutlicher. Dieser zeigt sich als jemand, der die erlernte Unmündigkeit seines Klientel als sozial konstruiert in Frage stellt und der versucht, autonomiehindernde Wohnheimstrukturen zu überwinden:

> **Herr Müller:** *Die haben die Leute da in den äh, in diesen klaren Strukturen dieser Einrichtung (') ähm, die geben den Leuten, oder die unterstellen den Leuten oft ziemlich eindeutig so die können des und des und des nisch enscheiden und die wissen nüsch, was gut für sie ist und ähm deshalb bestimmen wir ganz viel, so ja, wie der Tag laufen muss, viel Kontrolle dann auch dadurch, Arbeit gehen, aufstehen, bla, alles wird genau kontrolliert, was es dann natürlich auch schwierig macht, wenn dann so jemand auszieht. Ja? Und dann auch an mich gerät, der des so eben nisch sieht und so auch nüscht arbeitet, ja? (7 Sek.) dann (…) fällt halt erst mal viel so Struktur weg, ja (') und viel äh Druck weg, was mer dann so (4 Sek.), dass dann Leute, die so*

arbeiten, wie viele im Wohnhaus, interpretieren würden als »ja, das is doch luschihaft, ja, da wird nisch, da steckt keine klare Struktur drin, ja, da der <u>kann</u> net hart durchgreifen oder so was, ja? Was aber von mir jetzt gar nischt so verlangt oder von mir <u>erwünscht</u> ist, ja (') weil ich ja eben die Leute irgendwie hinkriegen möchte, dass die selbstbestimmt <u>leben</u> können.

Der Paternalismus und die Fremdbestimmung innerhalb der Wohnheimstrukturen werden abgelehnt und die einzige Alternative scheint der Alleingang. Für ihn muss es darum gehen, die abzulehnenden Wohnheimstrukturen im Betreuten Wohnen *»irgendwie«* zu überwinden, um *»die Leute hinzukriegen, dass die selbstbestimmt leben können«*. In der Orientierungslosigkeit und Schwierigkeit, sein Handeln zu begründen, wird deutlich, dass Selbstbestimmung zwar als Leitbild, aber nicht innerhalb differenziert ausgearbeiteter Konzepte institutionell verankert ist (vgl. Kulig/Theunissen 2006, 241). Es zeigt gerade, dass dem Weg der Klienten hin zu mehr Selbstbestimmung als individueller Lernprozess nicht Rechnung getragen wird. Auch Herr Müller kann sich in keinen fortlaufenden professionellen Prozess der Autonomie ermöglichenden Begleitung einreihen, so dass auch er nicht auf vergangenen Erfahrungen aufbauen kann. Der Anspruch auf Selbstbestimmung trifft ihn vielmehr genau wie seine Klienten unvorbereitet. Die Umsetzung des Leitbildes bleibt vergleichbar dem Diskurs der Geistigbehindertenpädagogik (Katzenbach 2004a, 127) auch hier zu unbestimmt und ist als handlungsleitende Kategorie nicht stimmig (Kulig/Theunissen 2006, 241).

Herr Müller: *Und das funktioniert meiner Meinung nach eben nur, wenn diese Strukturen auch irgendwie, wenn man die auch <u>wegbrechen</u> lassen kann, ja (').*

Er bestimmt daher sein Vorgehen selbst, indem er an alle Klienten den gleichen normativen Anspruch stellt: Vorangegangenen Paternalismus zu überwinden, indem er kontrollierende Strukturen auch wegbrechen lässt (im Sinne eines Zerschlagen des »gordischen Knoten«, vgl. Schütze 1996, 255). Er mutet seinen Klienten damit Krisen und auch deren Überwindung zu. Dies ist im Anspruch, bisher fremdbestimmte Menschen in eine selbstbestimmtere und autonomere Lebenspraxis zu führen, nur folgerichtig. Es zeigt sich aber hier in einer unreflektierten Allgemeingültigkeit als unangemessener normativ gefasster Handlungsgrundsatz innerhalb einer idealisierten Vorstellung eines autonomiefördernden professionellen Handelns (vgl. insbesondere Rock 2001, 169). Es zeigt sich, dass sein Weg *»die Leute irgendwie hinzukriegen, dass die selbstbestimmt leben können«* in eine Sackgasse zu führen droht, da er entgegen dem wohlgemeinten Anspruch zu subtileren Formen der Entmündigung seiner Klienten führen könnte. Da den Menschen in der Annahme seines pädagogischen Angebots, seiner impliziten Handlungsaufforderung: »Werdet selbstbestimmt!« kaum anderes bleibt, als Gehorsam zu zeigen, droht der Anspruch auf Selbstbestimmung manipulativ untergraben zu werden und zeigt sich auch hier das Paradox verordneter Autonomie (Katzenbach/Uphoff 2008, 69ff.). Herr Müller ignoriert an dieser Stelle, dass Selbstbestimmung durch die Klienten selbst bestimmt werden muss (ebd., 83), dass Einzelne vielleicht ganz andere Ziele verfolgen und läuft Gefahr, ihre Individualität und auch den Fallbezug zu übersehen. Ein solcher von ihm bestimmter Bruch der Routine könnte manche seiner Klienten über-

fordern. Wären Einzelne noch nicht in der Lage, einen Strukturwegfall zu bewälti-
gen, bliebe für sie nur ein Scheitern übrig.

Doch gilt es dies vorab zu verhindern? Würde ein solches »Normalmaß an
Risiken« (Dörner 2006, 102) nicht zugemutet werden, wäre doch Selbstbestimmung
wieder auf den Erwartungshorizont der Bezugspersonen angewiesen (Wilken 1996,
45). Es zeigt sich auch hier das unauflösbare Spannungsverhältnis zwischen dem als
paternalistisch gescholtenen Fürsorgeprinzip und dem Paradigma der Selbstbestimmung (Katzenbach 2004a, 127ff., Katzenbach/Uphoff 2008, 83), das nur mit-
hilfe der Auseinandersetzung, wie der (Selbst-) Reflexion z.B. innerhalb einer Su-
pervision handhabbar wird. Erst die »fundamentale Einsicht in die grundsätzlich
paradoxale Struktur pädagogischen Handelns« und durch notwendige Selbstreflexi-
on »die Balance zwischen den Anforderungen widersprüchlicher Handlungsmaxi-
men immer wieder neu herstellen zu können« (Katzenbach 2004a, 142) könnte
dann als professionelles Handeln gesehen werden.

Dass sich Herr Müller teamintern im Abseits zeigt deutet darauf hin, dass er
sich der Auseinandersetzung und Reflexion entzieht, was leicht entgegen bestem
Wissen und Gewissen zu noch mehr Entmündigung seiner Klienten führen kann.
Pädagogik als stetes Handeln unter Unsicherheit (Luhmann/Schorr 1982, 15) ist im
Alleingang höchst krisenanfällig und zeigt deshalb in diesem Fall eine besondere
Professionalisierungsbedürftigkeit.

Zur Sequenzanalyse in Anwendung auf das Phänomen Geistiger Behinderung

Nach Buchner (2008, 525) unterscheidet sich die Auswertung von qualitativen Interviews mit Menschen mit sogenannter geistiger Behinderung nicht wesentlich von
der Auswertung von Interviews mit Menschen ohne Behinderung, doch sei ein wesentlicher Aspekt »*das Reflektieren des Gesagten anhand des lebensweltlichen Settings
des/der InterviewpartnerIn*« (ebd.).

Da davon auszugehen ist, dass Menschen mit sogenannter geistiger Behinderung aufgrund isolierter Lebensbedingungen nur eingeschränkte Erfahrungen haben machen können, betont Hagen (2002) in diesem Kontext, dass die »Betroffe-
nenperspektive, wie sie sich in bestimmten lebensweltlichen Settings bildet, vor
eben diesem individuell maßgeblichen Erfahrungshintergrund zu verstehen ist und
sich erst in der Reflexion dieser Besonderheit als sinnhaft erschließt« (ebd., 298).

Statt zunächst unverständlich oder irrational klingende Selbstaussagen als
unglaubwürdig abzutun, kann so den Bedingungen ihres Zustandekommens nachgegangen werden (ebd.).

In der Sequenzanalyse nach Oevermann erbringt ein von der eigentlich zu
erwartenden latenten Sinnstruktur abweichendes Handeln Hinweise auf fallspezifische Besonderheiten, damit auch auf innerpsychische Gründe. Diese Gründe könnten in der Interpretation pathologisch oder nicht pathologisch gedeutet werden,
sind aber immer rekonstruierbar (Sutter 1997, 205ff.). Dabei ist nach Oevermann
(1981) ein Text nicht per se als pathologisch zu qualifizieren, dies mache ihn erst in

der Beziehung des Sprechers zu seinem Text. Ist dem Subjekt die Abweichung bewusst, kann dies etwa als Kritik an der äußeren Realität verstanden werden. Handlungen seien aber dann pathologisch, wenn die produzierte Sinnstruktur dem Bewusstsein völlig entzogen ist (ebd., 15).

Dies galt in der vorgestellten Untersuchung als Herausforderung, da der Schwerpunkt auf die Sequenzanalyse eines Interviews mit einem Menschen mit sogenannter geistiger Behinderung gelegt wurde, so dass kognitive Einschränkungen vorausgesetzt wurden. Ob dem ein Fehlen an Sinnmotivation und der Beherrschung der Regeln der Sinngenerierung einhergehen muss, konnte die Untersuchung jedoch nicht zeigen (vgl. Möller 2009).

Sicher wurden in der Analyse Bedeutungsstrukturen transparent, die weitere Klärung beanspruchten. Doch eine Interpretation im Kontext der sogenannten geistigen Behinderung wäre nur ein weiterer stigmatisierender Prozess, wenn die Besonderheit des Erfahrungshintergrundes eine *per se zum Scheitern verurteilte Analyse* voraussetzen würde, nur weil dem Interviewten kognitive Einschränkungen zugeschrieben werden. Es galt daher als angebracht, die Zuschreibung »Geistige Behinderung« zunächst außen vor zu lassen und den Erzähler als sinnmotivierten Menschen anzuerkennen. Gerade dazu bietet sich die Methode durch ihre kontextfreie Analyse an, insbesondere da die notwendige Haltung der Interpreten darin besteht, den Gegenstand weitestgehend zu verfremden, sich ihm gegenüber *naiv* zu stellen. Erst wenn die Bedeutungsstrukturen divergieren, müssen diese in den Gesamtkontext eingebunden werden und konnte dann nach Hagen (2002, 298) und Buchner (2008, 525) in das lebensweltliche Setting mit einbezogen werden.

Beurteilung der Untersuchungsmethode

Die Objektive Hermeneutik zeigte sich zusammenfassend als sinnvolle Methode, um einen subjektorientierten Zugang zu einem Menschen mit sogenannter geistiger Behinderung und den Bedingungen seiner Lebenspraxis zu erlangen. Dass Herr Rudolf über eine für die Methode notwendige Sprachkompetenz verfügt und ihm grundlegend eine Sinnmotivation unterstellt werden kann, bedingt einander. Festzustellen ist, dass die Methode in diesem Fall gepasst hat. Ob sie auch in Bezug auf Menschen zu befriedigenden Ergebnissen führen kann, deren Bedingungen andere sind, müssen letztlich weitere Untersuchungen zeigen.

Das Vertrauen in die Aussagekraft der Ergebnisse bleibt aufgrund der geringen Anzahl an fallrekonstruierten Sequenzen, die im Rahmen dieser Fallstudie durchgeführt wurden, angreifbar. Es wurde lediglich versucht, eine »fallspezifische Strukturgestalt in der Sprache des Falles selbst« (Oevermann 1981, 4) nachzuzeichnen. Um diese zu bestärken und zu untermauern, um insbesondere weit reichendere Aussagen über die Thematik treffen zu können (im Sinne einer Strukturgeneralisierung nach Oevermann 2000, 58), gilt es weiteres Material heranzuziehen und zu rekonstruieren (vgl. Möller 2010b).

Fazit

Die Struktur des Falles bestätigte die Ausgangsthese, dass sich Widersprüche zwischen dem Anspruch und der Realität des Leitbildes »Selbstbestimmung« in der Analyse dieses Falles widerspiegeln werden[10]. Es zeigte sich hier beispielhaft, dass Herr Rudolf nur wenig Verantwortung für seinen Wechsel in das Betreute Wohnen übernehmen konnte, da er in grundlegende Entscheidungsprozesse nicht mit einbezogen wurde. So wurden seine Wünsche bezüglich der Wohnform und Mitbewohner nicht anerkannt, vielmehr musste er erneut mit einem anderen Menschen unfreiwillig zusammenleben. Sein Wechsel in das Betreute Wohnen ist demnach in gewohnten Wohnheimstrukturen verlaufen und es griff das Prinzip der »Unterbringung auf einen freiwerdenden Platz« (von Lüpke 1994), so dass hier Kräling (2006) zuzustimmen ist, der das Betreute Wohnen als »additiv« charakterisiert, denn es geht hier um einen mehr oder weniger großzügig gedachten Anbau an das bestehende System der stationär geprägten wohnbezogenen Hilfen für Menschen mit einer sogenannten geistigen Behinderung (ebd., 103ff.). Die Strukturen, in denen der Übergang stattfand und die daraus folgende Wohnsituation widersprächen damit den Bedingungen von Selbstbestimmung.

Herr Rudolf wurde in Folge mit einem Betreuer konfrontiert, der das als paternalistisch gescholtene Fürsorgeprinzip zu überwinden versuchte. Dieser traute ihm Mündigkeit zu, mutete ihm Strukturverlust zu und konfrontierte ihn mit einem unbestimmten (»irgendwie«) Betreuungsstil. Dessen allgemeingültiger Anspruch auf Förderung von Selbstbestimmung birgt aber die Gefahr, »die Selbstbestimmungsidee als Individualisierungstheorem der Moderne mit einem Absolutheitsanspruch« (Kulig/Theunissen 2006, 237) zu vertreten, ohne sie wirklich füllen zu können. Für Herrn Rudolf wurden damit im Sinne Krähnkes (2007, 191) bisher verbindliche Muster immer *un*bestimmter, während er gezwungen wurde, immer *selbst*bestimmter als Individuum zu agieren. Es ließe sich in Hinblick auf diese Ambivalenz behaupten, dass *Selbstbestimmung* zu einer zentralen Chiffre der Moderne geworden ist (ebd.), und damit auch für diesen Bereich der Behindertenhilfe.

Literatur

Buchner, Tobias (2008): Das qualitative Interview mit Menschen mit sogenannter geistiger Behinderung – Ethische, methodologische und praktische Aspekte. In: Biewer, Gottfried; Luciak, Mikael (Hg.) (2008): Begegnung und Differenz: Menschen-Länder-Kulturen. Beiträge zur Heil- und Sonderpädagogik. Bad Heilbrunn: Klinkhardt, 516–528 – Bröckling, U. (2007): Das unter-

10 Ein schon genannter, sehr bemerkenswerter Beitrag zur Erforschung struktureller im Leitbild angelegter Probleme, ist die Sequenzanalyse einer Fortbildung für Arbeitnehmer einer Werkstatt für behinderte Menschen mit dem Titel »Selbstbestimmt älter werden« (Uphoff 2008, 22ff.). Das inhaltliche Ziel, Kompetenzen in bezug auf Selbstbestimmung zu vermitteln, verkehrte sich hier auf der Handlungsebene in sein Gegenteil. Schwierigkeiten, die Teilnehmer zu *verstehen*, lösten die Kursleiter für sich dadurch, dass sie deren Handeln als Folge von kognitiven Defiziten interpretierten und sie reagierten mit *helfen*. Den Teilnehmern wurde somit auf der Ebene der Interaktion Autonomie verwehrt, da der Widerspruch, Selbstbestimmung pädagogisch zu vermitteln, durch Bevormundung (auf-) gelöst wurde (ebd.).

nehmerische Selbst. Soziologie einer Subjektivierungsform. Frankfurt am Main: Suhrkamp – Combe A./Helsper W. (Hg.) (1996): Pädagogische Professionalität, Untersuchungen zum Typus pädagogischen Handelns. Frankfurt am Main: Suhrkamp – Dörner, Klaus (2006): Leben in der »Normalität« – ein Risiko? In: Theunissen, Georg; Schirbort, Kerstin (Hg.): Inklusion von Menschen mit geistiger Behinderung: Zeitgemäße Wohnformen – Soziale Netze – Unterstützungsangebote. Stuttgart: Kohlhammer, 97–102 – Fornefeld, Barbara (2009): Selbstbestimmung/Autonomie. In: Dederich, Markus; Jantzen, Wolfgang (Hg.): Behinderung und Anerkennung. Stuttgart: Kohlhammer, 183–187 – Gromann, Petra; Niehoff-Dittmann, Ulrich (1999): Selbstbestimmung und Qualitätssicherung. Erfahrung mit der Bewertung von Einrichtungen durch ihre Bewohner. In: Geistige Behinderung 38, 156–164 – Hagen, Jutta (2002). Zur Befragung von Menschen mit einer geistigen oder mehrfachen Behinderung. In: Geistige Behinderung 42, 293–306 – Hahn, Martin Th. (2009): Veränderungsprozesse der Lebenswirklichkeit von Menschen mit geistiger Behinderung im Fokus der Forschung. In: Janz, Frauke; Terfloth, Karin (Hg.): Empirische Forschung im Kontext geistiger Behinderung. Heidelberg, 35–53 – Kant, I. (1803): Über Pädagogik. In: Kant, I.: Schriften zur Anthropologie, Geschichtsphilosophie, Politik und Pädagogik 2. Herausgegeben von Wilhelm Weischedel, Bd. 1. Frankfurt am Main: Suhrkamp. 697–761 (Werkausgabe Band XII). – Katzenbach, Dieter (2004a): Anerkennung, Missachtung und geistige Behinderung. Sozialphilosophische und psychodynamische Perspektiven auf den sogenannten Paradigmenwechsel in der Behindertenpädagogik. In: Ahrbeck, Bernd; Rauh, Bernhard (Hg.): Behinderung zwischen Autonomie und Angewiesensein. Stuttgart: Kohlhammer, 127–144 – Katzenbach, Dieter (2004b): Das Problem des Fremdverstehens. Psychoanalytische Reflexion als Beitrag zur Professionalisierung geistigbehinderten-pädagogischen Handelns. In: Wüllenweber, Ernst (Hg): Soziale Probleme von Menschen mit geistiger Behinderung. Fremdbestimmung, Benachteiligung, Ausgrenzung und soziale Abwertung. Stuttgart: Kohlhammer, 322–334 – Katzenbach, Dieter; Uphoff, Gerlinde (2008): Wer hat hier was zu sagen? Über das Paradox verordneter Autonomie. In: Mesdag, Thomas; Pforr, Ursula (Hg.): Phänomen geistige Behinderung. Ein psychodynamische Verstehensansatz. Gießen: Psychosozial Verlag, 69–86 – Krähnke, Uwe (2007): Selbstbestimmung: Zur gesellschaftlichen Konstruktion einer normativen Leitidee. Weilerswist, Göttingen: Velbrück Verlag – Kräling, Klaus (2006): Ambulant vor stationär? Chance oder Risiko? In: Theunissen, Georg; Schirbort, Kerstin (Hg.): Inklusion von Menschen mit geistiger Behinderung: Zeitgemäße Wohnformen – Soziale Netze – Unterstützungsangebote. Stuttgart: Kohlhammer, 103–115 – Kulig Wolfram; Theunissen, Georg (2006): Selbstbestimmung und Empowerment. In: Wüllenweber, Ernst; Theunissen, Georg; Mühl, Heinz: Pädagogik bei geistiger Behinderung. Ein Handbuch für Studium und Praxis. Stuttgart: Kohlhammer, 237–250 – Langner, Anke (2009): Behindertwerden in der Identitätsarbeit. Jugendliche mit geistiger Behinderung – Fallrekonstruktionen. Wiesbaden: VS Verlag für Sozialwissenschaften – Luhmann, Niklas; Schorr, Karl Eberhard (Hg.) (1982): Das Technologiedefizit der Erziehung und die Pädagogik. In: Zwischen Technologie und Selbstreferenz. Fragen an die Pädagogik. Frankfurt am Main: Suhrkamp, 11–41 – Lüpke von, Klaus (1994): Nichts Besonderes. Zusammen – Leben und Arbeiten von Menschen mit und ohne Behinderung. Essen. http://bidok.uibk.ac.at/library /luepke-nichtsbesonderes.html#id3305647 (abgerufen am 07.09.2009) – Mesdag, Thomas; Hitzel, Elke (2008): Sage mir, wie Du leben möchtest (aber bedenke, was ich hören will!). In: Mesdag, Thomas; Pforr, Ursula (Hg.): Phänomen geistige Behinderung. Ein psychodynamischer Verstehensansatz. Gießen: Psychosozial Verlag, 169–188 – Möller, Nadine (2009): Zwischen normativem Anspruch und Lebensrealität: Das Leitbild ›Selbstbestimmung‹ im Kontext des Betreuten Wohnens. Eine exemplarische Fallstudie und Rekonstruktion der Lebenssituation eines Menschen mit sogenannter geistiger Behinderung bei seinem Wechsel in das Betreute Wohnen. Unveröffentlichte Diplomarbeit. Frankfurt am Main – Möller, Nadine (2010a): Reflexionen zum Begriff der Geistigen Behinderung: Ein Beitrag zum Diskurs. In: ergoscience 2010; 5. 31–38. Stuttgart: Thieme – Möller, Nadine (2010b): Wege in das Betreute Wohnen unter dem Leitbild »Selbstbestimmung«: Paradoxien der Autonomie innerhalb einer professionalisierungsbedürftigen Praxis? [Abstract] In: Aufenanger, Stefan; Hamburger, Franz: Bildung in der Demokratie. Programmheft des 22. Kongress der DGfE in Mainz. Leverkusen-Opladen: Verlag Barbara Budrich, 102. http://www.dgfe2010.de/ (abgerufen am 03.04.2010) – Niehoff, Ulrich (2007): Fremdbestimmung. In: Theunissen, Georg; Kulig, Wolfram; Schirbort, Kerstin (Hg.): Handlexikon Geistige Behinderung – Schlüsselbegriffe aus der Heil- und Sonderpädagogik, Sozialen Arbeit, Medizin, Psychologie, Soziologie und Sozialpolitik. Stuttgart: Kohlhammer, 125 – Oevermann, Ulrich (1981): Fallrekonstruktionen und Strukturgeneralisierung als Beitrag der objektiven Hermeneutik zur soziologisch-strukturtheoretischen Analyse. http://www.agoh.de/cms/index.php?option= com_remository&Itemid=293&func=fileinfo&id=39 (abgerufen am 20.10.2009) – Oevermann, Ulrich (2000): Die Methode der Fallrekonstruktion in der Grundlagenforschung sowie der klinischen und pädagogischen Praxis. In: Kraimer, Klaus (Hg.): Die Fallrekonstruktion. Sinnerstehen in der sozialwissenschaftlichen Forschung. Frankfurt am Main: Suhrkamp, 58–156 – Oevermann, Ulrich (2002): Klinische Soziologie auf der Basis der Methodologie der objektiven Hermeneutik-Manifest der objektiv hermeneutischen Sozialforschung. http://www.ihsk.de/publikationen /Ulrich_OEVERMANN-Manifest_der_objektiv_hermeneutischen_Sozialforschung.pdf (abgerufen am 27.11.2009) – Pinkard, T. (2007): Liberal Rights and Liberal Individualism: Agency and Recognition. In: Hammer, E. (Hg.): German Idealism. Routledge, 206–224 – Rock, Kerstin (2001): Sonderpädagogische Professionalität unter der Leitidee der Selbstbestimmung. Bad Heilbrunn, Orb: Klinkhardt – Schütze, Fritz (1996): Organisationszwänge und hoheitsstaatliche Rahmenbedingungen im Sozialwesen: Ihre Auswirkung auf die Paradoxien des professionellen Handelns. In: Combe, Arno; Helsper, Werner (Hg.): Pädagogische Professionalität, Untersuchungen zum Typus pädagogischen Handelns. Frankfurt am Main: Suhrkamp, 183–275 – Sonnenberg, Kristin (2004): Wohnen und geistige Behinderung: eine vergleichende Untersuchung zur Zufriedenheit und Selbstbestimmung in Wohneinrichtungen. Dissertation, Köln. http://deposit.d-nb.de/cgi-bin/dokserv?idn=973442433&dok_var=d1&dok_ext=pdf&filename =973442433.pdf (abgerufen am 05.12.2009) – Sutter, H. (1997): Bildungsprozesse des Subjekts. Eine Rekonstruktion aus Ulrich Oevermanns Theorie- und Forschungsprogramm. Opladen: Westdt. Verlag – Theunissen, G./Kulig, W./Schirbort, K. (2007): Handlexikon Geistige Behinderung – Schlüsselbegriffe aus der Heil- und Sonderpädagogik, Sozialen Arbeit, Medizin, Psychologie, Soziologie und Sozialpolitik. Stuttgart: Kohlhammer – Uphoff, Gerlinde (2008): Selbstbestimmung in der Erwachsenenbildung. Beobachtungen aus einem Kursangebot. In: Zeitschrift Erwachsenenbildung und Behinderung (ZEuB) 7/2008. 22–33 – Weinrich, Harald (2003): Textgrammatik der deutschen Sprache. 2. revidierte Auflage. Hildesheim: Olms – Wernet, Andreas, (2006): Einführung in die Interpretationstechnik der Objektiven Hermeneutik. 2. Auflage. Opladen: VS Verlag für Sozialwissenschaften

Anschrift der Verfasserin: Nadine Möller
                                                      Goethe Universität Frankfurt, Fachbereich 04/
                                                      Institut für Sonderpädagogik, Senckenberganlage 15, 60054 Frankfurt am Main
                                                      E-Mail: nadine.moeller@em.uni-frankfurt.de

* * *

Daniela Helfer, Alfred Fries

Belastungen in Familien mit behinderten Kindern unter ausgewählten Aspekten

Vorüberlegungen:

Unter der Überschrift: Familien mit behinderten Kindern: Belastungen und Ressourcen im Kontext gesellschaftlicher Hilfen hat Weiss (2010, im Druck) in sehr komprimierter Weise das Problem von Belastungen von Eltern mit behinderten Kindern unter ausgewählten Aspekten beschrieben und Problemstellungen diskutiert. Im Einzelnen werden dabei vom Autor folgende Aspekte angeführt:

- Die vielfältigen Probleme und Belastungen, mit denen Eltern und Familien mit einem behinderten Kind konfrontiert werden, sind in vielen (autobiografischen) Berichten meist von Müttern wie auch in der Fachliteratur (z.b. Beuys 1993; Bremer-Hübler 1990; Thurmair 1990; Eckert 2002, 32ff.; Engelbert 2003; vgl. auch Weiss 2009 im Druck) dokumentiert. Thurmair (1990, 51) unterscheidet zwischen Belastungen bzw. Stressoren, die vorrangig auf der realen, faktischen Ebene liegen, und solchen Belastungen und Stressoren, die auf der eher emotionalen Dimension angesiedelt werden können. Die Realität von Eltern behinderter Kinder wird von beiden Dimensionen belastet (vgl. Thurmair 1990, 51).

- Als für Eltern belastend wird von Weiss (2010, im Druck) besondere der größere Aufwand im Zusammenhang mit der Betreuung und Pflege eines behinderten Kindes angeführt. Weiss (2010, im Druck) beruft sich dabei auf empirische Studien zu dieser Problematik, von denen exemplarisch folgende Untersuchungen angeführt werden sollen: In der Untersuchung »Studie zur Lebenssituation von Familien mit behinderten Kindern in den neuen Bundesländern« benötigten nach Elternangaben 36,7 % der behinderten Kinder eine »Rund-um-die-Uhr-Betreuung«, ein weiteres knappes Drittel (30,8 %) mehrmals täglich Pflege und Hilfe und 40,8 % waren auch nachts auf besondere Betreuung angewiesen (Häußler/Bormann 1997, 148). Zum Betreuungsaufwand sind auch Zeit und Aufwand zu rechnen, die durch Arzt- und Klinikbesuche, Therapie- und Fördermaßnahmen insbesondere im Rahmen der Frühförderung entstehen (vgl. auch Bundesvereinigung Lebenshilfe 2002, 243). Durch den »Druck zur optimalen Förderung« (vgl. Weiss 2010, im Druck) können dabei emotionale Belastungen noch erheblich verstärkt werden.

- Verhaltensauffälligkeiten des behinderten Kindes und Interaktionsstörungen in der Eltern-Kind-Beziehung als Quelle von Belastungen: Eltern mit einem behinderten Kind erleben nicht nur für sie schwer beeinflussbare Verhaltensauffälligkeiten ihres Kindes (z. B. hohe Ängstlichkeit, niedrige Frustrationstoleranz, ausgeprägte Stereotypien, Selbststimulationen und selbstverletzende Verhaltensweisen), sie werden sie erleben auch Probleme in der Interaktion mit dem behinderten Kind, die sie oft nicht interpretieren können. Dies kommt vor allem dann zum Tragen, wenn ihnen die Kommunikations- und Ausdrucksweisen ihres Kindes fremd und unverständlich erscheinen (vgl. Weiss 2010, im Druck).

- Spannungen in den Paarbeziehungen und Probleme in der Gestaltung der Beziehung der Eltern zu den nicht behinderten Geschwisterkindern werden als weitere Belastungsquellem beschrieben (vgl. u.a. Wagatha 2006; Haberthür 2005; Winkelheid/Knees 2003; Dreyer 1988).

- Pieper (1993,79) führt als belastende Faktoren die »Frage von Schuld und elterlicher Verantwortlichkeit« an. Wolf-Stiegemeyer (2000, 11) bemerken, dass vor allem Sorgen um die Zukunft des behinderten Kindes Eltern erheblich belasten können. Heckmann (2004) zählt zu den belastenden Situationen vor allem Phasen schulischer und beruflicher Übergänge.

- Ein weiterer sehr bedeutsamer Belastungsfaktor, der nach Weiss (2010, im Druck) erst durch die Arbeiten von Engelbert (1994, 1999) im Bewusstsein der Fachöffentlichkeit näher verankert worden ist, dreht sich um Probleme, die sich für Eltern im Zusammenhang mit Fragen der Inanspruchnahme von Hilfe- und Unterstützungsleistung durch Staat und Gesellschaft ergeben.

Zur Zielsetzung der Untersuchung:

Belastungen im Leben von Eltern mit behinderten Kindern sind Thema der vorliegenden Studie.

Die Fragen lauteten:

- Hat die Geburt eines behinderten Kindes *Familie/Partnerschaft* belastet? (Frage 1)

- Welche *Phasen* in der Entwicklung des Kindes empfanden Sie als besonders anstrengend (Frage 2a) und:

- Welche *spezifischen Faktoren* in der Entwicklung ihres Kindes fanden Sie im Nachhinein *besonders* belastend (Frage 2b).

- Weiter sollten die Eltern Auskunft geben über ihre *Vorstellungen zur Zukunft* und ihre möglichen *Ängste*. Die Frage lautete: Beschreiben Sie Zukunftsvorstellungen und Zukunftsängste (Frage 3).

Die Untersuchung umfasste neben den genannten auch noch andere Fragekomplexe (z. B. Sichtweisen der Eltern zu Problem der Integration behinderter Kindern), auf die aber in dieser Publikation nicht näher eingegangen wird. Die Untersuchung wurde in Form von problemzentrierten Interviews durchgeführt. Die Antworten der Eltern wurden transkribiert und nach Kategorien ausgewertet (vgl. Mayring 2007).

Durchführung der Untersuchung und Angaben zur Stichprobe

Die insgesamt 20 Interviews fanden im bayerischen und hessischen Raum Ende 2007 und Anfang 2008 in Form von Einzel -nur Mütter- und Gruppeninterviews (Väter und Mütter gemeinsam) statt. Zur Stichprobe der befragten Eltern können folgende Angaben gemacht werden: Angaben zur Stichprobe: Es nahmen 20 Mütter und 8 Väter an der Studie Teil, 19 der Personen waren leibliche Eltern der Kinder, 4 Mütter waren alleinerziehend und 5 Kinder lebten bei Pflegeeltern.

Das Alter der teilnehmenden Mütter verteilte sich auf folgende Altersgruppen:

- Altersgruppe 30–45 Jahre: 6 Personen, Altersgruppe 46–55 Jahre: 10 Personen, Altersgruppe 56- 65 Jahre: 4 Personen.
- Das Alter der teilnehmenden Väter verteilt sich auf die Altersgruppen: 41–50 Jahre: 3 Personen, und 51–65 Jahre: 5 Personen.
- In 15 Familien lebt 1 behindertes Kind, in weiteren 4 Familien 2 Kinder (drei der Familien sind Pflegefamilien). In einer Familie leben 6 Kinder mit Behinderung.
- 14 der Kinder sind männlich, 8 Kinder sind weiblich.

Das Alter der Kinder verteilt sich zum Zeitpunkt der Befragungen auf folgende Altersgruppen:

- Altersgruppe 4–17 Jahre: 14 Kinder, Altersgruppe 17–23 Jahre: 8 Kinder.
- In 10 Familien war das behinderte Kind das jüngste Kind, in 6 Familien das älteste Kind.

Bei den Behinderungen der Kinder handelt es sich weitgehend um Behinderungen, die dem Formenkreise der Infantilen Cerebral Parese (ICP) mit unterschiedlicher Sichtbarkeit zuzuordnen sind, ein Kind litt an Epilepsie, ein weiteres Kind an Autismus. Die Kontaktaufnahme zu den Familien erfolgte in den meisten Fällen über Förderzentren mit dem Schwerpunkt körperliche und motorische Entwicklung.

Darstellung der Ergebnisse

Ergebnisse zur Frage 1: Belastungen der Familie/Partnerschaft

Die Frage lautete: Hat die Geburt eines behinderten Kindes Familie/Partnerschaft belastet? Aufgrund von Mehrfachnennungen konnten 32 Antworten verschiedenen Kategorien zugeordnet werden. Die Antworten werden in folgende Kategorien unterteilt:

Kategorie 1:	Nein (keine Belastung der Partnerschaft)	12	Nennungen
Kategorie 2:	Belastungen (in Partnerschaft und Familie)	20	Nennungen
Unterkategorie 2.1:	Belastung unabhängig von der Behinderung	1	Nennungen
Unterkategorie 2.2:	Probleme in der Partnerschaft	11	Nennungen
Unterkategorie 2.3:	Probleme mit der Familie spezieller Art	3	Nennungen
Unterkategorie 2.4:	Zu wenig Zeit für die Geschwisterkinder	5	Nennungen

Von den 12 Personen, die angeben, die neue Situation habe die *Partnerschaft nicht belastet*, betonen 4 Personen, dass die veränderte Situation die Partner eher enger zusammengebracht hat.

Belastungen der Partnerschaft:

Von den 20 Eltern, die eine *Belastung der Partnerschaft* benannt haben, berichtet nur ein Elternteil, dass es sich hierbei um Belastungen handelt, die nicht mit der Behinderung des Kindes im Zusammenhang stehen. Aus der Sicht der Mütter ist ein wesentlicher Aspekt der Belastung der Partnerschaft im *Rückzug der Männer* zu sehen:

- »Aber solange, wie K das Gefühl einem gegeben hat, sie kann nichts, sie lag nur da, hat nicht viel gemacht, hat sich kaum gedreht, so lang ziehen sich die Männer zurück. Und dadurch ist auch eine Front entstanden«.
- »Beziehungsmäßig war es einfach so, dass sich aus meiner Sicht H. [Ehemann] ziemlich verkrümelt hat, wie es halt so Männer so machen, wenn sie einer Situation gegenüber hilflos sind«.

Diese von den Müttern beobachtete Rollenverteilung wird auch von Vätern bestätigt:

- »Ich hab jetzt aufwendige Hobbys und habe halt eine Frau, eine verständnisvolle Frau, die eigentlich bereit ist, dann des Öfteren mal zu Hause zu bleiben«.
- »Ich muss zu meiner, sag ich mal gleich, Schande gestehen: Ich kann mit einem behinderten Menschen nicht viel anfangen …«.

Es sei an dieser Stelle darauf hingewiesen, dass sich die *Probleme der Pflegeeltern* doch deutlich von denen der leiblichen Eltern unterscheiden. Die bewusste Entscheidung für ein behindertes Kind erleichtert nach Aussagen einiger Mütter von Anfang an den Umgang mit Belastungen, da die Aufnahme eines behinderten Kindes nicht als Schicksalsschlag empfunden wird, sondern aus freien Stücken erfolgte.

Spezielle Probleme mit Verwandten werden aus folgenden Aussagen von Müttern deutlich: (3 Nennungen, Kategorie: Probleme mit der Familie spezieller Art). In zwei Äußerungen wird vor allem die Distanzierung von Verwandten angesprochen:

- »Man sagt: »Ja, schade, dass man so weit weg wohnt, sonst könnte man ja helfen … Da sind es das ganze Leben immer nett und wenn es dann ernst wird, lässt sich doch keiner sehen«.

Zwei Pflegeeltern haben betont, dass es immer wieder zu Schwierigkeiten mit solchen Verwandten kommt, die kein Verständnis für die Annahme des behinderten Kindes zeigen.

Mangelnde Zeit für die Geschwisterkinder

5 Mütter empfinden besonders die Tatsache, dass den Geschwistern des behinderten Kindes aufgrund von Zeitmangels nicht genügend Aufmerksamkeit und Zuwendung geschenkt werden konnte, als belastend.

- »Die Familie hat's belastet. Also, die zwei Großen, die waren ja damals auch, wie alt waren sie, so Pubertätsalter. Die waren den ganzen Tag allein. Ich fuhr in der Frühe nach München, um 10 und kam abends um 10 Uhr nach Hause. Und die Noten gingen also wirklich den Berg hinunter, bei beiden«.
- »Ich hab keine Zeit mehr gehabt für meinen Mann, ich hab keine Zeit mehr gehabt für die anderen Geschwister, da zerbricht eine Familie«.
- »Für das andere Kind hat man viel zu wenig Zeit. Die Zeit die fehlt meinem Sohn heut noch. Der hat heut noch einen Hass auf sein Geschwisterchen«.

Bemerkenswert ist, dass bei dieser Frage ausschließlich die Mütter, die sich in der neuen Situation mit dem behinderten Kind von ihrem Partner emotional allein gelassen fühlten, von zusätzlichen Belastungen aufgrund der geringen Zeit für die Geschwisterkinder berichten.

Ergebnisse zur Frage: Beschreibung von Belastungen bezogen auf Phasen in der Entwicklung de Kindes

Die Frage lautete: Welche *Phasen* in der Entwicklung des Kindes empfanden sie als besonders anstrengend? (Frage 2a). Die Einteilung in die Kategorien erfolgt nach typischen biografischen Etappen. Eine Zuteilung zur Kategorie Schule bedeutet jedoch nicht automatisch, dass die Ursache für die Belastung z. B. direkt mit der Schule zusammenhängt sondern kennzeichnet vielmehr das Alter des Kindes und die entwicklungstypischen Umstände innerhalb dieser Phase.

Es antworteten insgesamt 27 Personen auf diese Frage, die 38 abgegebenen Antworten wurden in folgende Kategorien unterteilt:

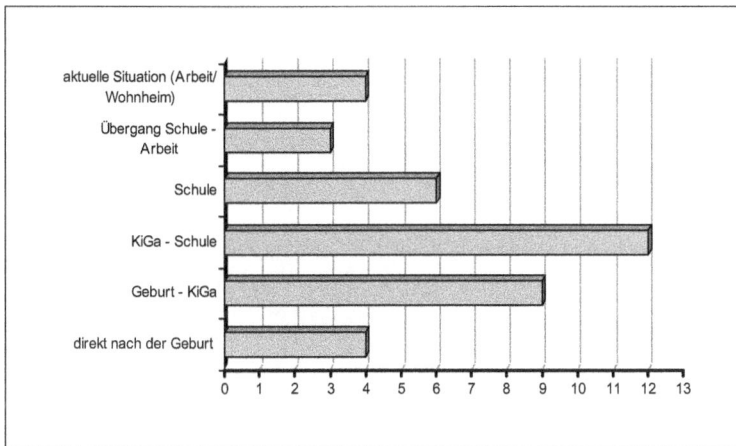

Abbildung 1: Übersicht über die Ergebnisse zu Frage 2a: Phasenspezifische Belastungen

Phase direkt nach der Geburt

Die Situation direkt *nach der Geburt* wird von 4 Eltern mit Belastungen in Zusammenhang gebracht: Im Vordergrund stehen in dieser Phase Sorgen, ob und wie das Kind überleben wird und Sorgen um die Zukunft von Kind und Familie.

- »Also, im Krankenhaus war der erste Satz den ich gesagt hab: »Ich kann mir gar nicht vorstellen, wie ich das schaffen soll«.
- »Der erste Schock war schwierig. Im Moment der Geburt hab ich gedacht, die C. (Name des Kindes), da kommt gar nichts mehr, das ist nur noch ein liegendes Bündel, ein Leben lang. So sah das aus«.

Phase zwischen Geburt und Kindergarten

Belastungen, die der Phase zwischen *Geburt und der Zeit des Kindergartenbesuches* zugeordnet werden können, wurden neunmal benannt. Aussagen der Eltern beziehen
sich hier hauptsächlich auf das Nachdenken über die Entwicklung des Kindes und
speziell das Problem des Umgangs mit der Behinderung des Kindes im Alltag:

- »Am Anfang, ja, … Wir wussten nicht, was los ist. Beim Babyturnen war es eine
  Katastrophe. Bis wir dann später einmal erfahren haben, was los ist«.
- »Ich kann jetzt nur sagen, dass es die ersten zwei Jahre sind- da ist man schon
  in einem Loch drinnen. wo man nicht weiß, … wie man weitermachen soll. Wo
  die Ärzte auch nicht wissen, wohin das führt. Was er einmal können wird, was
  er einmal nicht kann«.
- »Also die ersten drei Jahre, da hat sie (Tochter) hat mehr oder weniger bloß
  flachgelegen. Das war eine ganz schlimme Zeit«.

Das Problem der Therapie des Kindes wird von Eltern unter zwei Aspekte thematisiert: Der Aspekt der Zeit, die für die Therapie aufgewendet werden muss und der
Aspekt der physischen und psychischen Belastungen, die für das Kind im Rahmen
der Therapie auftreten können. Eine Mutter spricht auch von der »Grausamkeit der
Therapie«.

Phase des Überganges zwischen Kindergarten und Schule

Belastungen in der Phase des Übergangs zwischen Kindergarten und Schule werden von 12 Müttern angeführt. Vorrangig geht es in den Äußerungen um folgende
Aspekte: Vier Eltern sprechen die *Problematik des Loslassens* an:

- »Das Schwierigste war für uns die Zeit des Loslassens. Wo sie in die Schule
  mussten. Also, dieser Umschwung, wie lass ich ein Kind in die Selbstständigkeit, wo ich sehe, dass es eigentlich behindert ist?«.

Bei weiteren drei Müttern steht der Aspekt des »Vergleiches mit der Normalität« im
Vordergrund:

- »Ja, also es ist mir schon schwergefallen, wenn ich im Kindergarten war, oder
  hab sie hingebracht in die Frühförderung und hab gesehen, was Kinder, was
  andere Kinder gekonnt haben. Sie hat […], außer im Sandkasten sitzen […],
  nichts gekonnt. Also wenn man dann immer die gesunden Kinder gesehen hat
  und das war für mich schon äußerst schlimm«.
- »Das war auch eine schwere Zeit. Weil dann merkte man: Die Tochter ist anders. Wenn andere Kinder selber essen, selber sich anziehen, selber mal so ihre
  Wege gehen und er nun immer auf meine Hilfe angewiesen ist. Dann kristalli-
  siert es sich so heraus, dass sie ein anderes Kind ist«.

Aber auch die Erkenntnis beim Kind selbst, nicht »normal« zu sein, wird in diesem
Kontext erwähnt:

- »Das fing dann an, ja gut, als S. vielleicht so fünf/sechs Jahre alt war, so vor,
  bevor er in die Schule kam. Die haben sich sehr oft gestritten, da ging's eigentlich eher darum, dass S. so langsam erkannt hat, dass er nicht das kann, was sein
  Bruder kann und er den Bruder beschimpft hat. Bis zum heutigen Tag ist das

immer noch geblieben, dass er mal so Wochen hat, wo er sagt: »Warum bin ich so? Warum kann mein Bruder des nicht sein?.«

Ein Elternpaar schildert die problematische Situation einen Kindergartenplatz, aber auch eine geeignete Schule für das Kind zu finden. Als schwierig werden hier die mangelnde Information und der Umgang mit der Schulleitung erlebt:

• »Also, ich glaub, ganz schwierig war eben der Übergang Kindergarten zur Schule. Das war, glaub ich, das Heftigste. Wir haben uns das angeschaut mit dem Rektor und dann hat er gesagt, er möchte sich das Kind mal im Kindergarten anschauen. Nach zehn Minuten hat er gesagt: »Nein, die ist geistig behindert, die können wir nicht nehmen.«, hat sich umgedreht und ist gegangen. Das war es dann also. Und dann war es erst ein mal ein großer Schock daheim, das ist ja klar«.

Schule und Phase des Überganges: Schule-Arbeit

In der Kategorie »Schule« werden von drei Personen Schwierigkeiten beim Finden einer geeigneten Schule beschrieben. Ein Vater betont, die Erkenntnis, das Kind müsse an die Sonderschule gehen, sei für ihn belastend gewesen. Eine Mutter schildert die verspätete Trotzphase ihres Kindes und die damit nach ihrer Meinung zusammenhängenden schulischen Probleme. Erneut taucht der Vergleich mit der Normalität auf:

• »Was noch für R. schlimm war, da war er, vielleicht neun, zehn, ganz a schwierige Zeit, wo er gegen sich selbst Aggressionen hatte, seine linke Hand geschlagen hat, blöde linke Hand und ihm so richtig bewusst wurde, was jetzt los ist mit ihm. Wo er wahnsinnig wütend auf sich selbst ist, auf seine Behinderung, wo er sagt, er hat es damals nicht akzeptiert. Er hatte die Erkenntnis, es geht nicht, es wird niemals gehen«.

Zwei Mütter haben mangelnde Information über Chancen und Möglichkeiten des Kindes nach der Schule als sehr belastend beschrieben:

• »Man kriegt eigentlich total wenig gesagt. Man muss sich irgendwie immer selber alles erarbeiten. Man muss sich wirklich um alles selber kümmern«.

• »Das ist jetzt genau so mit der Berufswahl, was heißt Berufswahl, was sie halt weitermacht. Man kriegt da viel zu wenig gesagt, oder in Erfahrung gebracht, was sie für Möglichkeiten hat, oder was sie machen kann, mit dem Lehrstoff, was sie jetzt bis jetzt geschafft hat. Man wird so schlecht informiert. Ich find, die Schulen, die wissen gar nichts«.

Eine Mutter mit einer mittlerweile erwachsenen Tochter bemerkt:

• »Das war, glaub ich, die schlimmste Angst, die ich je in meinem Leben hatte: Schafft sie es, einen Arbeitsplatz zu bekommen? «.

Aktuelle Probleme

Problematisch in der aktuellen Situation mit ihren erwachsenen Kindern ist, – dies ist den Schilderungen von vier Personen zu entnehmen – dass Probleme, die man im Kindesalter noch beschwichtigen konnte, heute ausdiskutiert werden müssen. Als belastend wird vor allem die Tatsache beschrieben, dass die Kinder ihren eigenen Kopf entwickelt hätten und auch unbequeme Themen, wie die Zukunftsgestaltung, besprochen werden wollen und müssen:

- »Also, seit der F. älter geworden ist find ich es jetzt schon anstrengender, wie als Kind, als Baby. Eben auch, weil er mitdenkt und dann ist auch seine Einstellung anders geworden. Er setzt sich damit auch auseinander. Sagt nicht zu allem Ja und Amen. Das war früher nicht der Fall. Was dann ab der Pubertät da abgelaufen ist, war am Anfang erst einmal Schock. Der hat sich ja vehement auch dann gewehrt und einem Sachen gesagt, die hätte früher nie gesagt«.
- »Am Schwierigsten find ich eigentlich die Zeit im Moment. Jetzt wo er erwachsen ist und anders denkt, als er als Kind gedacht hat, wo man es, als er Kind war, doch immer die ganze Sache abschwächen konnte und beruhigen konnte und das lässt er sich jetzt nicht mehr gefallen, das lässt er einfach nicht zu. [...] Er blockiert dann irgendwo und sagt, also er hat Recht, er möcht das so, wie er sich das vorstellt«.

Ergebnisse zur Frage: Besonders belastende Faktoren in der Entwicklung des Kindes im Rückblick (Frage 2b)

In der Frage 2b wurden die Eltern gebeten, *besonders belastende Faktoren* noch einmal näher zu spezifizieren. Die Frage lautet: Welche Faktoren in der Entwicklung Ihres Kindes finden Sie im Nachhinein besonders belastend? Erwartungsgemäß werden bereits früher genannte Aspekte erneut angeführt, es sind aber auch neue Aspekte hinzugekommen, die in früheren Antworten eher beiläufig oder gar nicht erwähnt wurden. Insgesamt wird diese Frage von 24 Personen beantwortet, die Zahl der Antworten beläuft sich jedoch aufgrund der Möglichkeit einer Mehrfachnennung auf 65.

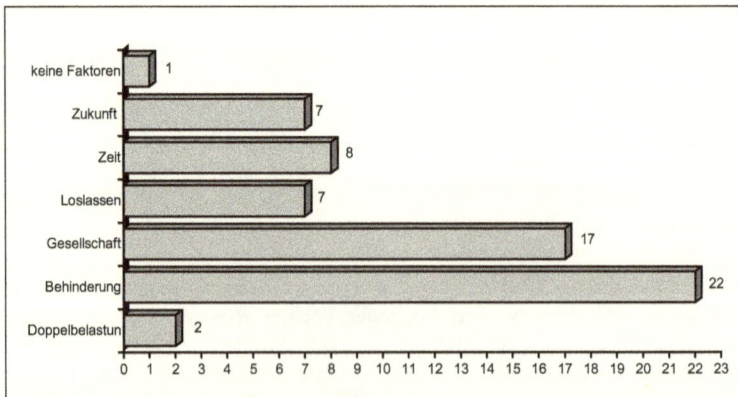

Abbildung 2: Übersicht über die Ergebnisse zu Frage 2b besonders belastende Faktoren

Die von den Eltern als besonders belastend eingestuften Faktoren gruppieren sich tendenziell um zwei Gruppen:

- Der Umgang mit der Behinderung an sich bezieht sich auf Äußerungen in Richtung: Akzeptanz der Behinderung, Unsicherheiten im Umgang mit der Behinderung, Hilflosigkeit, Angst vor Rückschritten, Probleme des Kindes mit der Behinderung, Therapien/Medikamente, Umgang mit anderen Kindern, Angst vor der Doppelbelastung, das Problem, allen gerecht werden wollen.
- Um einen zweiten Hauptfaktor gruppieren sich Belastungen, die mit der Gesellschaft in einem mehr oder minder engen Zusammenhang stehen.

Belastungen durch die Gesellschaft

Als Kriterien der Belastungen durch die Gesellschaft werden aufgeführt

- mangelnde Anteilnahme der Umwelt,
- fehlendes Verständnis für das behinderte Kind,
- Abwertung des Kindes durch Ausgrenzung,
- Diskriminierung der Eltern,
- Ungenügende Informationsmöglichkeiten bezüglich der Förderung des Kindes und der Hilfen für die Gestaltung der Zukunft.
- »Das Schlimmste ist, dass man sich immer hat beweisen müssen, irgendwo in der Gesellschaft, dass man auch dazugehört. Trotz der Behinderung. «
- »Dass man Kaufhäuser baut, wo man mit einem Kinderwagen nicht reinkommt, wo man natürlich mit einem Rollstuhl schon erst Recht nicht reinkommt. «
- »Wo man einen Stadtplatz ausbaut, der mit tausend Pflastersteinen versehen ist – wo man nicht mit normalen Schuhen gehen kann, geschweige denn mit jemand, der eine Behinderung hat.«
- »Das sind so Faktoren in der Gesellschaft, wo man manchmal verzweifelt. Oder man geht irgendwohin und man wird permanent angestarrt. «

Belastungen durch unzureichende Informationen durch Schule und andere Institutionen

Bereits in den Antworten zur vorhergehenden Frage wurden Probleme mit der Schule am Rande erwähnt. Jetzt werden Klagen der Eltern, dass sie von Schule und anderen Institutionen nur ungenügend informiert werden, immer deutlicher thematisiert: Eltern fühlen sich in bestimmten Situationen häufig alleingelassen und fordern gerade in Bezug auf die Schulen eine kompetentere und effektivere Beratung. Dazu folgende Auszüge aus den Antworten der Eltern:

- »Man kriegt eigentlich total wenig gesagt. Man muss sich irgendwie immer selber alles erarbeiten. Man muss sich wirklich um alles selber kümmern. «
- »Aber wenn ich das jetzt einmal auf den Punkt bringen will, auch gesellschaftlich, unsere Schulen ganz generell sind nicht eingestellt auf problematische Kinder … ich muss ganz ehrlich sagen, man wird als Eltern von behinderten Kindern immer noch zu wenig aufgeklärt. «
- »Es gibt Eltern, die tun sich schwer. Die haben Angst vor Behörden, die sind, sagen wir mal, nicht geschult genug, haben das nie gelernt irgendwie damit umzugehen und die sind einfach aufgeschmissen … Die haben keine Chance.«
- »Das ist schon ein Problem. Also hatte ich mich auch mal hier bei der Gemeinde – da gibt's auch immer so Behindertensprechtage – irgendwie mal beraten

lassen, das war überhaupt nichts. Und dann hatte sie mir versprochen, sie meldet sich noch mal und sie kümmert sich drum und da kam dann gar nichts mehr. Also da war ich sehr enttäuscht. Da steht man ziemlich alleine halt. Auch über Krankenkassenzuschüsse für die Fahrtkosten oder so was, das hat mir so keiner gesagt. Ich hab das jahrelang bezahlt, bis ich dann mal drauf kam, dass ich das wiederkriegen kann. «

Belastungen durch mangelndes Interesse der Umwelt

Mangelnde Hilfe und das mangelnde Verständnis durch Personen der Gesellschaft, auch aus dem nahen Umfeld der Familie, werden von sechs Personen als Belastung empfunden.

- »Es ist schwierig, Kollegen hören zu, schauen ganz verdutzt, als wenn man vom siebten Stern ist, hören sich das an und dann ist wieder Totenstille drüber. Da kommt keine Diskussion zustande oder so was, da wird nichts hinterfragt, oder irgendwas mal, ich werd immer kurz angehört und dann war's das. Ja ...«
- »Also ich bin eigentlich derjenige, der dann schon ab und zu mal ganz gern drüber reden möchte mit Irgendjemandem und dann ärgert's mich dann schon, wenn ich merke, das interessiert eigentlich gar keinen.«

Erfahrungen mit Ärzten, Probleme mit der Zeit und dem »Loslassen« des Kindes

In verschiedenen Äußerungen wird das *Verhalten von Ärzten* als besonders belastend genannt. In einem Interview ist sogar von »verletzender Abwertung« die Rede.

- »Ich bin aus dem Krankenhaus heimgekommen und dann musste ich mit ihr zum Kinderarzt und dann bin ich damals beim Kinderarzt gewesen und dann hat der mich, also wirklich, der hat mich fertig gemacht, der Mann. Ich bin raus, ich hab mir gedacht: Wo ist die nächste Mülltonne? Eigentlich müsstest du das Kind in die Mülltonne schmeißen, so wie mir die Ärzte gesagt haben- die haben mich zerstört, restlos. «
- »Ich denke, das ist das Aller-, Allerschlimmste, dass man da nicht mit der Wahrheit konfrontiert wird. «
- »Die Kinderärztin hat sich vor der Wahrheit gedrückt. «
- »Der Stress mit den Ärzten, die keine Lust haben, darauf einzugehen. Die auch nicht verstehen, dass eine Mutter sich Sorgen macht ... ja, sie wollen nicht belästigt werden. «

Belastungen im Blick auf den *Faktor Zeit* werden von acht Personen angesprochen, wobei die Überforderung durch eine mangelnde effektive Koordination des Tagesablaufes erklärt wird. Weiter werden mehrmals die fehlenden Möglichkeiten beklagt, sich von den Belastungen in angemessener Zeit erholen zu können. Es wird auch genannt, dass die sozialen Beziehungen im Zusammenhang mit der Behinderung des Kindes leiden.

- »Es dreht sich eigentlich alles bloß mehr um das Kind. Es gibt kein Privatleben mehr, keine Freunde. Mein Therapeut hat mir gesagt: Sie werden ihre Freunde auf fünf Finger abzählen können. Die werden verschwinden und Recht hat er gehabt. «

- *»Loslassen«* als Problem wird von insgesamt 7 Müttern angeführt. Eine Mutter betont insbesondere die Schwierigkeit, das Kind trotz der Behinderung gehen zu lassen und es anderen Menschen anzuvertrauen. Stellvertretend für Aussagen, die dem Aspekt des Loslassens zuzuordnen sind, soll die folgende Aussage einer Mutter angeführt werden:
- »Das Schwierigste war für uns die Zeit des Loslassens. Wo sie in die Schule mussten. Also, dieser Umschwung, wie entlasse ich ein Kind in die Selbstständigkeit, wo ich sehe, dass es eigentlich behindert ist? ... dieses Loslassen, das muss ich schon lernen. «

Ergebnisse zu Fragen nach Zukunftsvorstellungen und Zukunftsängste

In Frage 3 sollten die Eltern ihre Vorstellungen von der Zukunft und ihre damit verbundenen Ängste beschreiben. Die Frage lautete: Wie stellen Sie sich Ihre und die Zukunft Ihres Kindes vor? Welche Ängste haben Sie?

26 Personen antworten auf diese Frage, die Anzahl der Antworten beträgt insgesamt 54. Die Antworten werden in folgende 6 Kategorien unterteilt:

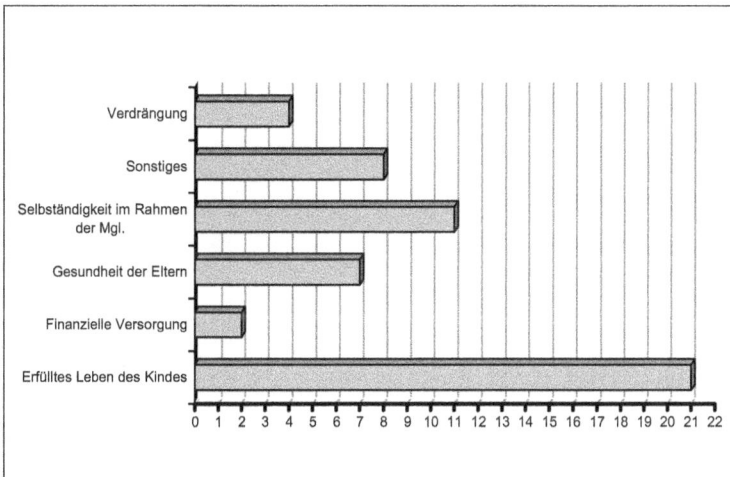

Abbildung 3: Übersicht über die Ergebnisse zu Frage 3

Zukunftsvorstellung: Erfülltes Leben des Kindes

Mit insgesamt 21 von 54 Nennungen bewerten die Eltern ein *erfülltes Leben des Kindes* als einen zentralen Punkt in Bezug auf die Zukunftsvorstellungen. Mit 7 der 21 Nennungen betonen die befragten Personen besonders die Wichtigkeit eines zufriedenstellenden *Wohnheimplatzes*:

- »Also, ich wünsch mir es, dass ich es noch erleben kann, dass der F. in diesem betreuten Wohnen integriert ist, dass ich sehe, wie er kommt klar, ohne uns, dass er sich da wohlfühlt, dass er integriert wird.«

Sechs Nennungen beinhalten den Wunsch nach einer *Partnerschaft für das Kind*. In 5 Antworten werden der Wunsch nach einer Arbeitsstelle oder einem Platz in der Lebenshilfe genannt:

- »Dass sie eben eine Arbeit findet, wo ihr Spaß macht. Wo sie gern macht und wo man nicht jeden Tag sie zwingen muss dazu, dass sie da hin geht. «

Zukunftsvorstellung: Selbständigkeit der Kindes und gute finanzielle Versorgung des Kindes

Mit 11 Nennungen sprechen die Eltern den Wunsch nach einer *Selbstständigkeit des Kindes* im Rahmen des Möglichen an. Im Vordergrund stehen das Loslösen des Kindes vom Elternhaus und das Zurechtfinden im Leben:

- »Das Ausziehen von zu Hause, das war das, was ich immer wollte. Wie ein normaler Mensch auch, führt ja zur zu Selbstständigkeit. Sie soll wird selbstständig werden, sich lösen und wir müssen es auch lernen, dass das besser ist. «

Eng mit dem Wunsch um Selbstständigkeit des Kindes sind auch Wünsche (und damit auch Ängste) um eine angemessen *finanzielle Versorgung des Kindes* in der Zukunft verbunden.

Eine Mutter verweist in diesem Zusammenhang auf die Lage der Gesellschaft und die Ressourcen, die für Menschen mit Behinderung zur Verfügung stehen:

- »Den Behinderten geht es's immer so gut, so gut wie es der Gesellschaft geht, und wenn es der Gesellschaft nicht gut geht, wird es auch alles zurückgeschraubt werden. Da habe ich dann schon so Bedenken, dass halt wirklich nur noch das Minimum abgeleistet werden kann. «

Zukunftsvorstellung: Eigene Gesundheit

Sieben Personen wünschen sich für ihre eigene Zukunft Gesundheit und ein langes Leben, auch im Hinblick darauf, ein Kind möglichst lange pflegen zu können.

- »Ich denke mal, der F. wird so lange, wie es geht, bei uns wohnen und ich werde auch so lange, wie es geht, für ihn sorgen. Und werde ihn so lange, wie es geht, durchs Leben geleiten.«
- »Ja, Gott, was wird sein, wenn wir mal nicht mehr in der Lage sind, das Kind zu pflegen? Geht's ihr dann gut in einem Heim? Das ist die entscheidende Frage. «

Die Wünsche um die eigenen Gesundheit werden auch in den Ängsten thematisiert, dass die Eltern nicht mehr für die Kinder sorgen können: 15 Väter und Mütter haben diese Ängste zum Ausdruck gebracht.

- »Na ja klar, was aus ihr mal wird, auch wenn wir mal nicht mehr sind. Wer sich um sie kümmert, wo sie leben kann. «

Kategorie »Sonstiges«

Weitere acht Nennungen wurden in der Kategorie »Sonstiges« zusammengefasst, da eine genaue Zuordnung zu spezifischen Antwortkategorien schwierig ist. Inhalte der Antworten der Eltern waren folgende Aspekte: Die Eltern sprechen hier unter anderem die Hoffnung an, die Behinderung möge sich »auflösen«, die familiäre Situation sich entspannen und ein wenig Ruhe einkehren. Drei der acht in dieser Kategorie antwortenden Eltern betonen jedoch auch die realistische Einschätzung der Situation: »Also, ich brauch mir nicht vorstellen, dass die M. Tierarzt studiert, oder irgendwas, was sie mal machen möchte, oder Pferdepflegerin, weil es einfach nicht geht. Das ist ganz klar, also sie wird in irgendeiner Lebenshilfe oder so was enden, das ist ganz sicher, also von daher hab ich keine großen Pläne für sie. «

Zusammenfassung

Im Folgenden sollen noch einige Überlegungen zu ausgewählten Ergebnissen der vorliegenden Studie angeführt werden. Behinderte Kinder benötigen in der Betreuung sehr viel Zeit: Belastungen, die in Verbindung mit dem Faktor Zeit gebracht werden dominieren in vielen Antworten der von uns befragten Eltern. Mangelnde Zeit beeinflusst die Partnerschaft, die Beziehung zu den nichtbehinderten Geschwisterkindern. Schließlich fehlt Eltern durch die vielfältigen Belastungen auch die Zeit, die man in Sinne einer Entlastung auch für eigene Bedürfnisse, Wünsche und Ziel dringend benötigt.

Als Grund für Belastungen in den Partnerbeziehungen kann u.a. angeführt werden, dass die Zeitintensität von Pflege und Therapiemaßnahmen das Erleben gemeinsamer Momente in der Partnerschaft teilweise auf ein Minimum sinken lässt (vgl. Hensle u.a. 2002, 279). Der erhöhte Druck, den verschiedenen Anforderungen gerecht zu werden, wird von vielen Eltern dadurch gelöst, dass sie die Paarbeziehung hinten anstellen (vgl. Heckmann 2004, 38).

Allerdings lässt eine Äußerung einer Mutter auch den Schluss zu, dass die Partnerschaft durch die neue Situation und die gemeinsame Sorge gestärkt wird und der Zusammenhalt steigt. Dass der Faktor Zeit für viele Eltern der vorliegenden Studie ein hohes Ausmaß an Belastungen darstellt, deckt sich mit Ergebnissen bereits vorliegender empirischer Studien (siehe auch: Vorüberlegungen in der Einleitung dieses Beitrages). In ihrer Studie zur Stressbelastung und Stressverarbeitung von Müttern geistig behinderter Kinder ermittelte Bremer-Hübler (1990, 212) eine zwei- bis fünfmal so hohe Betreuungszeit im pflegerischen und erzieherischen Bereich im Vergleich zu Müttern nichtbehinderter Kinder, wobei die »materielle Kinderversorgung« (An- und Auskleiden, Körperpflege und Essengeben) und die »psychische Kinderbetreuung« (Therapie, Arztbesuche, Spiel und Beschäftigung) etwa gleich viel Zeit beanspruchen (ebd.). Müller- Zurek (2002, 30) spricht im Zusammenhang von den Belastungen und Herausforderungen, ein behindertes Kind zu erziehen, von einem »hohen logistischen Abstimmungsaufwand«.

Entwicklung des Kindes: Phasenabhängige und phasenspezifische Belastungen

Die Ergebnisse der Studie haben eine Einteilung der Belastungen in phasenspezifische und phasenunspezifische Zeitabschnitte ermöglicht. *In den phasenabhängigen Belastungen* werden von den Eltern u.a. solche Belastungen angeführt, die mit einem Institutionswechsel zusammenhängen. Der Übergang von einer Institution zur Nächsten bei mangelnder Information und fehlenden Orientierungsmöglichkeiten an vorgegebenen Mustern bedeutet für Eltern behinderter Kinder einen enormen Aufwand und bringt Unsicherheiten mit sich.

Phasenunabhängige Belastungen hängen hauptsächlich mit dem Umgang mit der Behinderung an sich zusammen. Direkt nach der Geburt in Bezug auf die Auseinandersetzung mit der Behinderung, später im Kontext des Vergleichs mit der Normalität und des Umgangs mit dem Kind innerhalb der Gesellschaft, aber auch zum Zeitpunkt des Erwachsenwerdens in Bezug auf Zukunftsfragen des Kindes und die Konfrontation mit unangenehmen Wahrheiten.

Die Hinweise von Eltern auf die Tatsache, dass Belastungen von den besonderen Strukturen und Werthaltungen der Gesellschaft ausgehen, impliziert, dass Eltern sich durchaus dieser Problematik der gesellschaftlichen Bewertung behinderter Menschen bewusst sind und ihre Ängste auch dahin gehend formuliert haben. Eckert (2002, 29) betrachtet die Familie als ein System mit unterschiedlich intensiven und häufigen Kontakten zur Außenwelt. Diese wie auch immer gearteten Kontakte wirken ihrerseits auf das Familienleben ein. Entscheidende Einfluss– und Stützfunktionen bieten in diesem Zusammenhang die *sozialen Netzwerke.* Sie entlasten die Eltern in familiären Krisen und stellen »somit einen wesentlichen Bestandteil sozialer Unterstützung« dar (Eckert 2002, 29).

Eltern behinderter Kinder haben vergleichsweise kleine soziale Netzwerke. Die Interaktionsdichte innerhalb dieser kleinen Netzwerke ist jedoch intensiver. Trotzdem kann eine relativ hohe soziale Isolation von Familien mit behinderten Kindern festgestellt werden (vgl. Eckert 2002, 50). Dies hängt laut Heckmann (2004, 40) damit zusammen, dass die ablehnende Haltung der Gesellschaft gegenüber Menschen mit Behinderung auf die gesamte Familie übertragen wird. Aber auch die mit der Behinderung verbundene »instrumentelle […], zeitliche […] und emotionale […] Beanspruchung der Eltern« (Heckmann 2004, 40) minimiert die Anzahl der Freunde und Bekannten, da die Zeit zur Aufrechterhaltung der Kontakte fehlt.

Ziemen (2004, 54; vgl. auch Eckert 2008, 7) verweist in diesem Zusammenhang auf das Problem, mit dem sich Eltern konfrontiert sehen in der Auseinandersetzung mit den unterschiedlichen Wertvorstellungen der Gesellschaft: »Eltern geraten in widersprüchliche Situationen. So ergibt sich zumeist ein grundlegender Widerspruch in dem Masse, wie sich Eltern einerseits als wert und würdig erleben, die Elternrolle uneingeschränkt ein- und wahrnehmen zu können, andrerseits jedoch Abwertungen sich selbst und dem Kind gegenüber erfahren. Darüber hinaus ergibt sich ein Widerspruch zwischen den herkömmlichen Wertvorstellungen bezüglich Behinderung und dem individuellen Erleben des eigenen Kindes. Die dominante gesamtgesellschaftlich zumeist negativ konnotierte Auffassung steht konträr den Vorstellungen des eigenen geliebten Kindes. «

»Schulische Karriere« und Unterstützungsleistungen durch Gesellschaft und Institutionen

Besonders die schulische Laufbahn, der Schulabschluss und der Übergang ins Berufsleben gestalten sich schwierig, da häufig unklar ist, welchen Weg man gehen soll und kann (vgl. Heckmann 2004, 26). Hier stellen sich zum Teil erhebliche Ängste in Bezug auf die Zukunft des Kindes ein, da eine Arbeitsstelle mit Unabhängigkeit und Selbstständigkeit verbunden wird und das Nichtbekommen eines Ausbildungsplatzes eine Entwicklung in diese Richtung erschwert, wenn nicht gar verhindert.

Eng gekoppelt mit der Sorge um die Ausbildung des Kindes wird in den Antworten der Eltern die Unzufriedenheit mit der Tatsache thematisiert, sich im Dschungel der Informationssuche nach geeigneten Ausbildungs-, Hilfe- und Unterstützungsmöglichkeiten zurechtzufinden. Nach Weiss (2010, im Druck) haben Rat und Hilfe suchende Eltern aus unterschiedlichen Gründen (z. B. unzureichendes Wissen, verschlungene, komplizierte Zugangswege) Schwierigkeiten, überhaupt Zugang zu den für sie und ihr Kind richtigen Stellen im oft undurchsichtigen und unzureichend koordinierten Hilfesystem mit seinem Zuständigkeitswirrwarr zu finden (vgl. auch Engelbert 1999, 56). Frühförderung kann Eltern eine große Hilfe anbieten bei Fragen zur Verfügbarkeit und dem Erreichen von Unterstützungsleistungen (vgl. auch: Weiss/Neuhäuser/Sohns 2004).

Zukunftswünsche- und Zukunftsängste

Die Aussagen der befragten Eltern haben Einblick in Wünsche und Ängste gegeben: Zentral ist die Hoffnung auf ein erfülltes Leben des Kindes, was unmittelbar mit einem geeigneten Wohnheimplatz und/oder einer Arbeitsstelle zusammenhängt. Aber auch die größtmögliche Selbstständigkeit des Kindes verbunden mit dem Wunsch, es möge sich im Leben zurechtfinden, spielt in den Augen der Eltern eine große Rolle.

Ein letzter entscheidender Punkt ist die Gesundheit der Eltern oder der Wunsch nach einem langen Leben, um das Kind so lange wie möglich begleiten und versorgen zu können. Viele der Zukunftsvorstellungen werden als Hoffnungen formuliert. Die Angst, dass diese Hoffnungen sich nicht erfüllen könnten, schwingt in den Antworten mit.

In einer Befragung von Klauß (1999) über die Bedingungen familiärer Belastung wurde mit 72,7 % die »Sorge um die Zukunft« am häufigsten genannt. Auch in einer Studie zur Lebenslage behinderter Kinder und ihrer Familien in Sachsen gaben sehr viele der Eltern als hauptsächliche Zukunftsangst an, dass Kinder nicht mehr versorgt werden können, wenn sie selbst einmal dazu nicht mehr in der Lage sein werden (Michel et al. 2004, 186; vgl. auch Weiss 2010, im Druck).

Aufgrund der sehr angespannten derzeitigen wirtschaftlichen Lage und der damit verbundenen eher düsteren Zukunftsaussichten um die wirtschaftliche Entwicklung sind solche Ängste und Befürchtungen von Eltern behinderter Kinder berechtigt und sehr ernst zu nehmen.

Literatur

Beuys, B. (1984): Am Anfang war nur Verzweiflung. Wie Eltern behinderter Kinder neu leben lernen. Reinbek b. Hamburg – Bremer-Hübler, U. (1990): Streß und Streßverarbeitung im täglichen Zusammenleben mit geistig behinderten Kindern. Eine empirische Studie zur Situation der Mütter. Frankfurt/Main et a. – Bundesvereinigung Lebenshilfe (2002): Berliner Memorandum. In: Bundvereinigung Lebenshilfe für Menschen mit geistiger Behinderung (Hrsg.): Familien mit behinderten Angehörigen. Lebenswelten – Bedarfe – Anforderungen, 241–243 – Dreyer, P. (1988): Mein ungeliebtes Wunschkind. Frankfurt – Eckert, A. (2008): Ressourcen und Bedürfnisse im familiären Leben mit einem behinderten Kind – Theoretische Hintergründe und empirische Analysen. In: Eckert, A. (2008): Familie und Behinderung. Studien zur Lebenssituation von Familien mit einem behinderten Kind. Hamburg, 1–112. – Eckert, A. (2002): Eltern behinderter Kinder und Fachleute. Erfahrungen, Bedürfnisse und Chancen. Bad Heilbrunn/Obb. – Engelbert, A. (1999): Familien im Hilfenetz. Bedingungen und Folgen der Nutzung von Hilfen für behinderte Kinder. Weinheim, München – Engelbert, A. (1994): Familien mit behinderten Kindern. Probleme der »Passung« zwischen der familialen Situation und die Strukturen des Hilfesystems. In: Grunow, D./Hurrelmann, K./Engelbert, A.: Gesundheit und Behinderung im familialen Kontext. München, 137–179 – Fries, A./Stinkes, U./Weiß, H. (Hrsg.): Prüfstand der Gesellschaft: Behinderung und Benachteiligung als soziale Herausforderung. Edition Freisleben Rimpar (2010, im Druck) – Haberthür, N. (2005): Kinder im Schatten. Geschwister behinderter Kinder. Oberhofen – Häußler, M./Bormann, B. (1997): Studie zur Lebenssituation von Familien mit behinderten Kindern in den neuen Bundesländern. Abschlußbericht. Baden-Baden – Heckmann, C. (2004): Die Belastungssituation von Familien mit behinderten Kindern. Heidelberg – Hensle, U./Vernooij, M., A. (²2002): Einführung in die Arbeit mit behinderten Menschen. Psychologische, pädagogische und medizinische Aspekte. Wiebelsheim – Klauß, Th. (1999): Ein besonderes Leben. Heidelberg – Mayring, P. (2007): Qualitative Inhaltsanalyse – Grundlagen und Techniken. 9. Auflage. Weinheim – Michel, M./Riedel, S./Häußler-Sczepan, M. (2004): Identität und Behinderung. Behinderte und nichtbehinderte Kinder und Jugendliche in Sachsen. In: Jungbauer-Gans, M./Kriwy, P. (Hrsg.): Soziale Benachteiligung und Gesundheit bei Kindern und Jugendlichen. Wiesbaden, 177–200 – Müller-Zurek, C. (2002): Die Situation von Familien aus Elternperspektive. In: Bundesvereinigung Lebenshilfe für Menschen mit geistiger Behinderung (Hrsg.): Familien mit behinderten Angehörigen, 30–34 – Pieper, M. (1993): »Seit Geburt körperbehindert …«. Behinderung als kontinuierliche lebensgeschichtliche Erfahrung aus der Sicht Betroffener und deren Familien. Weinheim – Thurmair, M. (1990): Die Familie mit einem behinderten Kleinkind. In: Frühförderung interdisziplinär 9, 49–62 – Wagatha, P. (2006): Partnerschaft und kindliche Behinderungen. Eine empirische Untersuchung mit Implikationen für die Beratungspraxis. Hamburg – Weiß, H./Neuhäuser, G./Sohns, A. (2004): Soziale Arbeit in der Frühförderung und Sozialpädiatrie. München Basel 2004. – Weiss, H. (2010): Familien mit behinderten Kindern: Belastungen und Ressourcen im Kontext gesellschaftlicher Hilfen. In: Fries, A./Stinkes, U./Weiß, H. (Hrsg.): Prüfstand der Gesellschaft: Behinderung und Benachteiligung als soziale Herausforderung. Edition Freisleben Rimpar 2010 (im Druck) – Winkelheide, M./Knees, C. (2003): … doch Geschwister sein dagegen sehr. Schicksal und Chancen behinderter Menschen. Krummwisch – Wolf-Stiegemeyer, D. (2000): Der (etwas?) andere Alltag von Müttern schwerstbehinderter Kinder. In: Behinderte in Familie, Schule und Gesellschaft 23, 3, 1–16 – Ziemen, K. (2004): Familien mit behinderten Kindern und Jugendlichen. In: Behinderte in Familie, Schule und Gesellschaft, 48–59.

Anschrift der Verfasser/innen: Daniela Helfer
                                           FöZ KmE
                                           Bertha-von-Suttner-Str. 29, 90439 Nürnberg

                                           Prof. Dr. phil. habil. Alfred Fries
                                           Paul-Ehrlich-Str.7c, 97218 Gerbrunn

* * *

BUCHREZENSIONEN

Christian Mürner: Erfundene Behinderungen. Bibliothek behinderter Figuren. AG SPAK, Neu-Ulm 2010. 185 Seiten. € 16,00.

> »*Um eine Geschichte zu erzählen, muss man sie erfinden, ob man sie nun erlebt hat oder nicht. Fiktion ist nicht das Gegenteil von Erfahrung, sondern ihr Medium.*«
> (John von Düffel)

Durch »Erfundene Behinderungen« ist endlich ein Buch erschien, welches die Narrationen – die literarische Wirklichkeit von Behinderung zum Thema hat. Damit hat Christian Mürner etwas geschaffen, was seit nun mehr ca. 10 Jahren auf sich warten lässt. Seit dieser Zeit wird die Disability Studies, ihre Forschungsidee, ihre Forschungsmethoden und ihre Forschungsergebnisse auch im deutschsprachigen Raum angenommen und diskutiert. Sehr zaghaft und sehr verstreut entstehen erste Publikationen, die nicht nur Übersetzungen aus dem Englischen oder Amerikanischen sind. Charakteristisch für sie ist in erster Linie die Auseinandersetzung mit der kulturellen Konstruiertheit von Behinderung. Wobei der Fokus auf körperlichen Beeinträchtigungen und Sinnesbehinderungen liegt, das Thema »geistige Behinderung« ist nur ein Randphänomen.

Christian Mürner widmet sich in seinem Buch keiner spezifischen Form der Behinderung, sondern stellt in 50 kurzen Darstellungen einen Einblick in die Narration von Behinderung in der Literatur vor. Die vorgestellten Romanfiguren leben hauptsächlich in dem deutschsprachigen, dem europäischen und amerikanischen Raum der letzen 200 Jahre, wobei in der Regel deutsche Übersetzungen der Romane vorliegen. Die kurz charakterisierten Helden bzw. deren Geschichte stammen aus der Feder der Klassiker der deutschen Literatur wie Hermann Hesse, Theodor Storm, Gottfried Keller, Thomas Mann, Stefan Zweig, E.T.A. Hoffman, Joseph Roth und Lion Feuchtwanger genauso wie aus der Feder einer Reihe bekannter Autor/innen der Gegenwart wie Vlaika Brentano, Lea Singer, Margit Schriber, J.M. Coetzee (Literaturnobelpreis 2003), um nur einige zu nennen. Noch vielfältiger als die Herkunft sind die Lebensbedingungen, die Lebensgeschichten und die Barrieren in dem Leben der Romanhelden. Jeder Leser/jede Leserin ist aufgefordert sich selbst davon, ein Bild zu machen.

Der Teil der Disability Studies, der sich der Analyse von Behinderung als kulturelles Phänomen verschrieben hat, verweist darauf, dass das bestehende Verständnis von Behinderung durch die Literatur und Kunst sehr stark geprägt wird und worden ist. Zugleich besteht durch die Literatur und die Kunst auch die Möglichkeit Behinderung als künstlerische oder literarische Wirklichkeit darzustellen, in dessen Wirklichkeit andere Dinge hervorgehoben werden als in der sozialen Wirklichkeit. Kunst und Literatur müssen keine eindeutige Definition vornehmen, sie geben in welcher Form auch immer eine bildliche Beschreibung ab. Dies eröffnet die Möglichkeit, Behinderung in der bestehenden Vielfalt und die Mehrdeutigkeit abbilden zu können. Die Erzählungen von den behinderten Romanfiguren bieten nach Mürner zum einen »Identifikationsmöglichkeit« und zum anderen sind sie »produktive Irritationen« für den Leser/die Leserin. Das Ziel der Narrationen ist das Empfinden oder Nachempfinden einer privaten, existenziellen Situation, nicht eine objektive Darstellung, die der Klassifizierung dient. Somit kann Behinderung viel leichter »einerseits als Bestandteil und anderseits als Besonderheit des Lebens« (S. X) verstanden werden. Dieses Verständnis erwirkt sich aus der Darstellung der sozial-gesellschaftlichen als auch der individuellen Dimension von Behinderung schafft. Der Literatur gelingt es beide Dimensionen zu erzählen, sodass Romanfiguren immer »individuellen Helden im sozialen Diskurs« (x) sind. Diese Verknüpfung wird in der Literatur möglich, weil sie Behinderung nicht als ein ausschließliches anschauliches Charakteristikum der Hauptfigur versteht, sondern Behinderung als ein »dialogisches, soziales Phänomen [... lokalisiert, d.A.] zwischen Schriftstellern und Leser« (S. 16), sowohl als Spiegelbild, wie aber auch als Charakterisierung des ganz Anderen.

Mit den 50 kurzen Charakteristika der Romanhelden und deren Lebensbedingungen gelingt es Christian Mürner, Behinderung in einer unglaublichen Vielfalt zu skizzieren. Dieses Buch ist eine gelungene Aufforderung tiefer einzutauchen in den Facettenreichtum und die Bedeutsamkeit der literarischen Darstellung von Behinderung, um die Mehrdeutig… Die subjektive Seite von Behinderung auch für die soziale Wirklichkeit zu verstehen …

(Anke Langner, Köln)

∗ ∗ ∗

Stephanie Goeke: Frauen stärken sich – Empowermentprozesse von Frauen mit Behinderungserfahrung. Lebenshilfe-Verlag 2010. 382 Seiten. € 25,00.

Die Autorin Dr. phil. Stephanie Goeke ist Diplompädagogin und war wissenschaftliche Mitarbeiterin an der Johannes Gutenberg-Universität und der Evangelischen Hochschule Ludwigsburg. Derzeit ist sie freiberuflich in Forschung und Hochschullehre tätig.

Stephanie Goeke legt mit ihrem Buch »Frauen stärken sich« eine Studie vor, die im Stil der Grounded Theory Methodology angelegt ist. Mit qualitativen Interviews, dem Einsatz des Dialog-Konsens-Verfahrens und der Verwendung von Fotografien wurden Frauen mit der Zuschreibung geistige Behinderung befragt. Die Erfahrungen der Autorin belegen, dass die Interviewpartnerinnen als valide Gesprächsparterinnen zu betrachten sind, vielmehr besteht aus Sicht der Autorin eine Gefahr darin, dass Abweichungen oder Brüche im Erzählfluss vorschnell auf die Behinderung zurück geführt werden.

Die Autorin ordnet zunächst die Begriffe Selbstbestimmung und Empowerment in den historischen Kontext der Behindertenbewegung ein, indem sie unterschiedliche Interessenvertretungen beschreibt, wie bspw. die Selbstbestimmt-

Leben-Bewegung oder die People First und die Entwicklung von den organisierten Krüppelfrauen bis zum heutigen Weibernetz, als politische Interessenvertretung behinderter Frauen auf Bundesebene, nachzeichnet. In einem weiteren Schritte wird deutlich gemacht, welche Bedeutung das Empowermentkonzept für die Soziale Arbeit heute hat. Neben kritischen Stimmen zum Empowermentkonzept werden hier insbesondere die Herausforderungen für die Professionellen in den Blick genommen. Es werden im Anschluss unterschiedliche, relevante Lebensbereiche von behinderten Frauen beschrieben wie bspw. Erwerbstätigkeit, Wohnformen, Sozialisation und Gewalterfahrungen.

Im Ergebnisteil ihrer Studie werden Merkmale eines individuellen Empowerments der Frauen transparent und in einer Auf- und Abwärtsspirale charakterisiert. Stephanie Goeke formuliert mit ihrer Kernkategorie »Individuelles Empowerment auf Augenhöhe zwischen professioneller Unterstützung und Selbstvertretung« einen zentralen Ansatz, in dem professionelle Unterstützung aus Sicht der Interviewten auf Augenhöhe gestaltet werden muss, damit sie gelingen kann. Die Frauen möchten nicht, dass auf sie herab geschaut wird. Aus der weiteren Auswertung folgt, dass es Räume der Begegnung geben sollte, die frei sind von Macht-Kontexten.

Daneben stehen u.a. Erfahrungen von gelingender Kommunikation und eine vertrauensvolle Beziehungskultur. Mit diesen Erfahrungen ist mit Bourdieu gesprochen eine Zunahme von symbolischem Kapital möglich. Die Frauen werden zum Teil erstmalig als Frauen mit einer eigenen Lebensgeschichte in den Blick genommen.

Das vorliegende Buch richtet sich sowohl an ein Fachpublikum aus den Bereichen Sonderpädagogik, Soziale Arbeit, Rehabilitation, Therapie und Pflege, als auch an Angehörige behinderter Menschen. Da die Arbeit in großen Teilen verständlich und nachvollziehbar geschrieben ist, können interessierte Laien ebenfalls davon profitieren.
(Dagmar Kubanski, Berlin)

* * *

Behindertenpädagogik in Hessen
Schwerpunktthema:
»Berufliche Orientierung benachteiligter Jugendlicher«

Texte zur beruflichen Orientierung benachteiligter Jugendlicher bilden den Schwerpunkt der Ihnen vorliegenden Ausgaben der »BEHINDERTENPÄDAGOGIK IN HESSEN«. Frau Ohmenzetter und Frau Schönfeld beschreiben in ihrem Text über die Evaluation der SchuB-Maßnahme an der Karl-Krolopper-Schule (SfL) in Kelsterbach, welche Elemente sich in einem schulischen Berufsorientierungskontext als hilfreich und förderlich für das Anliegen erweisen. Dass sie dabei auch über die Sicht der Betriebe berichten und kritische Aspekte nicht aussparen, macht den Text insgesamt noch lesenswerter.

Daran anschließend informiert des Berufsbildungswerk Südhessen (BBW) in Karben in einer Zwischenbilanz über das seit Oktober 2009 laufende »Modelprojekt zur vertieften Berufsorientierung von Förderschüler/innen aus der Region«. Das Projekt wird finanziert vom der Regionaldirektion Hessen der Bundesagentur für Arbeit, der Fraport Stiftung »Pro Region« und dem Hessischen Kultusministerium und bietet den 100 beteiligten Schüler/innen einen wie es scheint guten Einstieg in das Arbeitsleben.

Die Auswahl des thematischen Schwerpunktes begründet sich zum einen aus der grundlegenden Bedeutung des Themas »schulische Berufsorientierung«, zum anderen wird es aus aktuellem Anlass im kommenden Schuljahr für die Schulen für Lernhilfe auf der Tagesordnung stehen. Den Auftakt zu einer intensiven Auseinandersetzung macht am 24. Sept. 2010 die große Fachtagung des Hessischen Kultusministeriums in Frankfurt: »Profilbildung der Schule für Lernhilfe im Kontext der UN-Behindertenrechtskonvention« – auf der, der für die Lernhilfeschulen neue berufsorientierte Abschluss vorgestellt und in Foren diskutiert wird. Sicher wird danach in den Schulen intensiv weiter diskutiert und Konzepte werden erarbeitet. Die beiden hier vorgestellten Texte bieten dazu Rahmen und Anregungen.
Jürgen Seeberger (Redaktion BEHINDERTENPÄDAGOGIK IN HESSEN)

* * *

Jasmin Ohmenzetter, Vanessa Schönfeld

AnSchuB für benachteiligte Jugendliche – Evaluationsergebnisse des ersten SchuB-Jahres an der Karl-Krolopper-Schule in Kelsterbach

In der Auseinandersetzung mit dem Thema des Übergangs von benachteiligten Jugendlichen in die Arbeitswelt wird deutlich, dass sich Schüler[1] mit einem sonderpädagogischen Förderbedarf im Bereich des Lernens und der sozialen und emotionalen Entwicklung in einem vielschichtigen Bedingungsgefüge von Benachteiligung befinden. So sind es nicht nur schulische Defizite sondern ein Zusammenwirken von individuellen Lebensumständen und äußeren Rahmenbedingungen, die den Jugendlichen den Übergang in die Arbeitswelt erschweren. Als Reaktion auf eine steigende Anzahl von benachteiligten jungen Menschen und einer sich anspannenden Lage auf dem Ausbildungs- und Arbeitsmarkt, hat sich im Laufe der Zeit eine Vielzahl von Maßnahmen herausgebildet. Im Rahmen der Benachteiligtenförderung machen verschiedene Akteure Angebote zur Berufsorientierung, -vorbereitung und -ausbildung, um die Jugendlichen auf ihrem Weg zu unterstützen. In diesem Kontext stellt SchuB (*Lernen und Arbeiten in Schule und Betrieb*) als schulische Maßnahme eine Möglichkeit dar, benachteiligten Jugendlichen eine Berufsorientierung zu bieten und sie durch einen hohen Praxisanteil mit den Anforderungen der Arbeitswelt vertraut zu machen. In den SchuB-Klassen lernen die Schüler drei Tage in der Schule und arbeiten zwei Tage in einem betrieblichen Praktikum. Das schulische Curriculum ist entsprechend angepasst: neben den Kernfächern Deutsch und Mathematik gibt es sog. Fächerverbünde für gesellschaftliche, naturwissenschaftliche und musische Themen. Englisch wird im Wahlpflichtbereich angeboten. An der KKS wird außerdem ein berufsbezogenes Praxisprojekt mit dem Schwerpunkt »Hand-Werk-Lernen in der Schule« als ergänzendes Unterrichtsangebot durchgeführt. Die untersuchte Klasse baut Sitzgelegenheiten für den Pausenhof und ist als Schülerfirma »Sit-Down« organisiert. Wie im Konzept vorgesehen, wird die SchuB-Maßnahme an der KKS durch eine sozialpädagogische Betreuung (Sozialpädagoge Mohamed Hegazi) unterstützt.

Fragestellung

Die in diesem Text dargestellte Evaluation beschreibt, wie die Karl-Krolopper-Schule (KKS), eine öffentliche Förderschule mit dem Förderschwerpunkt Lernen in Kelsterbach, das SchuB-Konzept praktisch umsetzt und ob sich dieses aus Sicht der Schüler, der Lehrkräfte und der teilnehmenden Betriebe bisher bewährt hat. Zudem wird der Frage nachgegangen, inwiefern SchuB beim Übergang in nachschulische Anschlusssysteme eine Unterstützung darstellen kann. Hierzu wurden im Zeitraum von Juni 2009 bis September 2009 teilstandardisierte Interviews mit den Schülern der SchuB-Klasse und den teilnehmenden Betrieben durchgeführt, auf deren Auswertung ein Schwerpunkt gelegt wird. Um ein umfassendes Bild zu

---

[1] Aus Gründen der leichteren Lesbarkeit wird nur die männliche Form im Sinne des generischen Maskulins verwendet.

erhalten, wurden zudem die Klassenlehrerin, Frau Cornelia Cychy, und der Schulleiter, Herr Jürgen Seeberger, befragt, deren Sichtweisen in die gesamte Evaluation einfließen. Die Ergebnisse der Befragungen werden im Folgenden dargestellt werden.

Das Beruforientierungskonzept der Karl-Krolopper-Schule

Ein Schwerpunkt des Schulprogramms der KKS liegt auf dem Berufsorientierungskonzept, welches eine frühe Vorbereitung der Schüler auf die nachschulische Arbeits- und Lebenswelt vorsieht und fester Bestandteil des Schulcurriculums ist. Gerade in den Abschlussklassen sind ein hoher Praxisanteil und eine intensive Vorbereitung der Schüler auf die Arbeitswelt vorgesehen. Neben der Projektarbeit stellt das seit dem Schuljahr 2008/09 eingeführte SchuB-Konzept eine schulische Organisationsform dar, die den im Lehrplan der Schule für Lernhilfe geforderten Elementen der Berufsorientierung in besonderer Weise Rechnung tragen kann. Da kontinuierliche Praxistage für Schüler der Hauptstufe schon viele Jahre vor Beginn des SchuB-Projektes in den Schulalltag integriert worden sind, kann die KKS auf langjährige außerschulische Kooperationspartner in den Betrieben der Region und der Agentur für Arbeit zurückgreifen.

SchuB aus Sicht der Jugendlichen

Adressiert sich das SchuB-Konzept an junge Erwachsene mit erheblichen »Lern- und Leistungsrückständen«[2], die ohne besondere Förderung »voraussichtlich keine Chance«[3] haben, einen Hauptschulabschluss zu erreichen, sollte sich die pädagogische Arbeit nicht nur auf diese schulische Ebene beschränken[4]. Vielmehr sollte es ein übergeordnetes Ziel sein, die individuellen Lebenslagen benachteiligter Jugendlicher zu erfassen und bei deren Förderung zu berücksichtigen[5], stellt die Bewältigung dieser häufig prekären Lebenssituationen doch eine Voraussetzung im Übergang in die Arbeitswelt dar[6]. Aus diesen Gründen liegen die Schwerpunkte der Evaluation darauf, die individuellen Lebensumstände der an SchuB beteiligten jungen Erwachsenen zu beschreiben und deren Sichtweisen auf den Projektverlauf genauer zu betrachten. Die Zufriedenheit mit dem bisherigen Verlauf scheint von besonderer Bedeutung, da der Erfolg der Maßnahme im Wesentlichen auch davon abhängt, ob die Schüler die SchuB-Elemente und deren Verknüpfung als sinnvoll erachten und in SchuB eine Chance sehen ihre Ziele umzusetzen. Abschließend erfolgt eine Analyse derjenigen Jugendlichen, welche das Projekt vorzeitig verlassen haben und den individuellen Gründen, die zu den Abbrüchen geführt haben.

---

2 Hkm 2004, 1.
3 ebd., 1.
4 vgl. Friedemann/Schroeder 2000, S. 19.
5 vgl. Burgert 2001, S. 188.
6 vgl. Friedemann/Schroeder 2000, S. 19.

Die in die Auswertung einbezogenen Daten beschränken sich auf die Angaben von 14 Schülern, welche die SchuB-Klasse bis zum Ende des Schuljahres 2008/09 besuchten.

Klassensituation

Zum Untersuchungszeitpunkt setzt sich die SchuB-Klasse aus vier weiblichen und elf männlichen Schülern im Alter von 14 bis 17 Jahren zusammen. 86% der Schüler weisen einen Migrationshintergrund auf.

Gefragt nach der Klassensituation berichten 13 Jugendliche, dass sie die SchuB-Klasse gerne besuchen, sich wohl fühlen und von den Lehrkräften angemessen unterstützt werden. Insbesondere die Schüler, die zuvor eine Regelschule besucht haben, heben den besonderen Einsatz und die Unterstützung durch das Lehrpersonal hervor. Die insgesamt sehr positive Einschätzung durch die Jugendlichen bestätigt, dass der im SchuB-Konzept gesetzte Schwerpunkt im Bereich des sozialen Lernens von großer Bedeutung ist. Da eine gute Klassengemeinschaft entscheidend für den Lernerfolg aller ist, ist es wichtig, diese durch in SchuB vorgesehene Arbeitsformen, wie gemeinsame Projektarbeit, gemeinsames Lernen und das Erreichen gemeinsamer Ziele zu stärken. Die Umsetzung dieser Aspekte scheint an der KKS zu gelingen und auch von den Schülern wahrgenommen und geschätzt zu werden.

Lebensweltliche Umstände

Für den überwiegenden Teil der befragten Jugendlichen stellen Familienmitglieder die wichtigsten Bezugspersonen dar.

Es stellt sich heraus, dass 13 von 14 Schülern in gutem Kontakt mit Gleichaltrigen stehen und dass diese im Rahmen der Freizeitgestaltung eine große Rolle spielen. Etwa die Hälfte der Jugendlichen treibt Sport, eine Vereinsmitgliedschaft besteht lediglich in vier Fällen. Dies legt nahe, lokale Freizeitmöglichkeiten im Unterricht aufzuzeigen aber auch innerschulische Angebote zu machen.

Sieben Jugendliche geben an, dass sie sich mit Problemen zuerst an ihre Freunde wenden. Gerade im Übergang von der Schule in die Arbeitswelt können die Jugendlichen jedoch auf Probleme stoßen, die sie nicht mit Hilfe von Gleichaltrigen lösen können, sondern auf solche, welche die Unterstützung eines Erwachsenen erforderlich machen. In diesem Kontext wird deutlich, dass die im SchuB-Konzept vorgesehene Schulsozialarbeit eine wichtige Rolle spielt. An dieser Stelle können der Sozialpädagoge aber auch die Lehrkräfte einen wichtigen Teil zur Bewältigung beitragen, insbesondere wenn dies nicht in der Familie geleistet werden kann.

Der überwiegende Teil der Jugendlichen erhält von den Eltern Taschengeld und gibt an, dass ihnen ausreichend finanzielle Mittel zur Verfügung stehen, um ihre Bedürfnisse zu erfüllen. Ein Nebenjob wird lediglich von drei Schülern ausgeübt.

Im Gespräch mit den Jugendlichen stellt sich heraus, dass drei von ihnen ernsthafte Krankheiten haben, die sie im Alltag beeinträchtigen; zwei nehmen regelmäßig Medikamente ein. Da sich die Wahl bestimmter Tätigkeitsbereiche und Berufsfelder aufgrund ihres Krankheitsbildes einschränken kann, sollten auch in der Schule damit einhergehende Möglichkeiten sowie Grenzen frühzeitig zum Thema gemacht werden.

Aus den Befragungsergebnissen lässt sich schließen, dass bei keinem der Jugendlichen zum Zeitpunkt des Interviews ein Suchtproblem vorliegt. Es ist dennoch davon auszugehen, dass nicht alle Jugendlichen wahrheitsgemäß auf die Fragen, insbesondere bezüglich des Rauchverhaltens, geantwortet haben.

Auch Kriminalität scheint bei den Schülern der SchuB-Klasse aktuell kein Thema zu sein, kein Schüler befindet sich zum Untersuchungszeitpunkt in einem Strafprozess. Lediglich ein männlicher Schüler ist bisher mit dem Gesetz in Konflikt geraten, dies liegt jedoch mehr als ein Jahr zurück.

Einschätzung der Unterrichts- und Praktikumsinhalte

Der überwiegende Teil der Schüler kann einen Zusammenhang zwischen den Unterrichtsinhalten und deren Bedeutsamkeit für praktische Arbeiten im Betrieb herstellen. Insbesondere die Fächer Mathematik, Deutsch und IKG (*Informations- und kommunikationstechnische Grundbildung*) aber auch das Praxisprojekt »Hand-Werk-Lernen in der Schule« und die damit verbundenen praktischen Erfahrungen werden von den Jugendlichen als brauchbar hervorgehoben *(»(...) grad Metallbauer, da muss man ja viel rechnen können. Da musst ich halt auch'n Rechteck schweißen und da kommen dir die Aufgaben halt schon im Kopf vor.« Michael[7]*). Daraus lässt sich schließen, dass die Bedeutung einer schulischen Grundbildung auch für das spätere Berufsleben von den Schülern erkannt wird. Es ist anzunehmen, dass diese Erkenntnis durch die im SchuB-Konzept vorgesehene zeitnahe Verknüpfung von Schule und Praxis unterstützt wird.

Knapp die Hälfte der Schüler kann einen Bezug zwischen Praktikumsinhalten und deren Brauchbarkeit in der Schule herstellen. Die Jugendlichen beschreiben überwiegend, dass sie soziale Kompetenzen (*Teamarbeit, respektvoller Umgang und Selbstbewusstsein*) weiterentwickelt hätten *(»Ein bisschen ruhiger bleiben und so und mehr, wie soll ich sagen, netter mit den Leuten reden und einfach so Sachen, die man für die Zukunft braucht.« Bekim*) aber auch praktische Kompetenzen wie das Arbeiten am Computer werden genannt.

Es lässt sich festhalten, dass »eine kontinuierliche, systematische und praxisorientierte Verknüpfung des Lernens in Schule und Betrieb«[8], wie sie im SchuB-Konzept vorgesehen ist in der Praxisklasse der KKS gut umgesetzt und auch auf Seiten der Schüler wahrgenommen wird.

---

7 Die im Artikel aufgeführten Schülernamen entsprechen nicht den tatsächlichen Namen.
8 HKM 2004, 2.

Zufriedenheit mit dem bisherigen Projektverlauf

Auf *betrieblicher Ebene* sehen die Jugendlichen vor allem die praktischen Erfahrungen, das Kennenlernen verschiedener Berufe und den Übergang in eine Ausbildung als Bereicherung an. Im *schulischen Kontext* wird von den Schülern am häufigsten eine Verbesserung des eigenen Lernens gesehen. Besonders die Schüler, welche vorher eine Regelschule besucht haben, sehen einen Vorteil darin, in kleineren Klassen unterrichtet und dadurch besser wahrgenommen zu werden. Auch das gute Verhältnis zu den Mitschülern und die Schwerpunktsetzung innerhalb der Stundentafel werden von den Schülern positiv wahrgenommen. Im Kontext der *persönlichen Weiterentwicklung* berichten die Schüler durch SchuB vor allem gelernt zu haben, persönliche Stärken zu erkennen, besser einschätzen zu können und sich für persönliche Ziele einzusetzen *(»Dass ich ein paar Berufe kennen gelernt habe, dass wir Einiges gelernt haben. Auch untereinander mit den Freunden hier und dass wir uns besser verstehen können. Dass wir unsere Stärken besser zeigen, wo unsere Stärken sind.« Daniele).*

Erneute Teilnahme am SchuB-Projekt

Elf Jugendliche würden sich zu einer erneuten Teilnahme an der SchuB-Maßnahme entscheiden, was eine hohe Zufriedenheit widerspiegelt. Als Beweggründe werden sowohl die Praxiserfahrungen, als auch die Chance einen Hauptschulabschluss zu erwerben, genannt. Drei männliche Schüler würden nicht mehr am SchuB-Projekt teilnehmen. Einer von ihnen sieht den in SchuB gesetzten Schwerpunkt auf projektorientierter Arbeit als Problem für Schüler, deren primäres Ziel es ist, den Hauptschulabschluss zu erreichen.

Ziele und Zukunftsperspektiven

Im SchuB-Konzept ist vorgesehen, den Schülern durch praktische Arbeit Kompetenzen zu vermitteln, die sie beim Übergang in die Arbeitswelt unterstützen und die Chance auf die Übernahme in ein Ausbildungsverhältnis fördern sollen. Des Weiteren soll die Teilnahme den Jugendlichen die Möglichkeit bieten den Hauptschulabschluss zu erreichen[9]. Die Befragung ergibt, dass die Lehrer- und Schüleransichten in Bezug auf den Abschluss nicht konform sind. Sieht der Großteil der Schüler das vorrangige Ziel von SchuB im Hauptschulabschluss, legen die Lehrer größeren Wert auf den Erwerb berufsbezogener Kompetenzen. Diese Differenzen werden jedoch weder von der Klassenlehrerin noch vom Schulleiter als problematisch angesehen, vielmehr zeigen beide Verständnis für das Augenmerk der Schüler und versuchen sie bestmöglich zu unterstützen und ihre Wünsche ernst zu nehmen.

Drei Schüler streben primär den Übergang in eine Ausbildung an. Einer von ihnen beginnt zum Ende des Schuljahres eine Ausbildung und hat somit sein Ziel durch SchuB erreicht.

---

9 vgl. ebd., 1.

Berufswünsche

Fast alle Jugendlichen haben eine Vorstellung davon, welchen Beruf sie später ausüben wollen. Insgesamt wird deutlich, dass die meisten Schüler realistische Vorstellungen von ihren beruflichen Möglichkeiten haben. So wünscht sich der größte Teil
der Schüler in einem Beruf tätig zu sein, in dem auch benachteiligte Jugendliche einen Zugang finden können. Etwa die Hälfte schätzen die Chancen, den gewählten
Beruf ausüben zu können, positiv ein. Als mögliche Hindernisse werden in erster
Linie der erforderliche Schulabschluss und die fachlichen Inhalte der Berufsschule
genannt *(»(F)ür Kfz-Mechatroniker muss man einen Real haben, aber es gibt auch heutzutage
einen Service-Mechaniker, dafür braucht man nur Haupt. Haupt ist schon schwer genug, Real
schaff ich nicht, bestimmt nicht.« Ömer).*

Die meisten Jugendlichen hatten bereits vor SchuB eine Vorstellung davon,
welchen Beruf sie zukünftig ausüben wollen. Dennoch kann man sagen, dass bei
vielen durch SchuB eine berufliche Orientierung stattgefunden haben. So haben
ihnen die kontinuierlichen Praxistage die Möglichkeit gegeben, verschiedene Praxis-
felder kennenzulernen und Erfahrungen zu sammeln. Dadurch war es den Jugendlichen möglich bestehende Berufswünsche zu bestätigen und alternative berufliche
Möglichkeiten zu erschließen, um sich gegebenenfalls umorientieren zu können
*(»(I)ch wollte gar nicht beim Lackierer machen, aber jetzt will ich das als Beruf. Man muss im-
mer was ausprobieren, man weiß ja nicht.« Bekim).*

Bezüglich der Frage, was ihnen an ihrem späteren Beruf wichtig ist, nennen
die Jugendlichen am häufigsten Aspekte der persönlichen Weiterentwicklung
(Selbstständigkeit, Ordnung, persönlicher Lernzuwachs). Auch das Gehalt, Spaß bei der
Arbeit sowie ein gutes Verhältnis zu den Kollegen werden von den Schülern angesprochen.

Pläne nach SchuB

Die meisten Jugendlichen tendieren dazu in eine Ausbildung überzugehen *(»Ich
glaub Ausbildung, ich glaub Schule danach bringt mir nichts mehr, weil danach müsste ich wieder
Ausbildung suchen und heutzutage ist eh nicht leicht zu kriegen.« Ahmet).* Berufsvorberei-
tende Maßnahmen wie ein BVJ *(Berufsvorbereitungsjahr)*, EQJ *(Einstiegsqualifizierungs-
jahr)* oder ähnliches werden von keinem Schüler genannt. Auch die Möglichkeit, einer ungelernten Beschäftigung nachzugehen und Geld zu verdienen, wird nicht erwähnt.

Abbrüche in SchuB

Um eine umfassende Bilanz der Pilotphase des SchuB-Projekts an der KKS abgeben zu können, erscheint es von Bedeutung nicht nur positive Auswirkung der
Maßnahme, sondern auch Grenzen des Konzepts zu evaluieren. Aus diesem Grund
soll es im folgenden Abschnitt um die Jugendlichen gehen, welche die SchuB-
Klasse vorzeitig verlassen haben. Bei der Auswertung bleibt zu berücksichtigen,
dass es auch Gründe für einen Abbruch gegeben haben kann, die nicht im Interview zur Sprache gebracht wurden. Diese Ursachen können sowohl auf schulischer

und betrieblicher als auch in der Familie oder anderen Bereichen der Lebenswelt verankert sein. Es bleibt anzumerken, dass das Scheitern einer Schulkarriere häufig nicht nur von einem Faktor beeinflusst, sondern durch das Zusammenwirken verschiedener Umstände bedingt wird.

Bei den insgesamt sieben vorzeitigen Abgängern während des ersten SchuB-Jahres kann man nur in zwei Fällen von einem negativen Maßnahmenverlauf sprechen. Die Schüler Laura und Sinan konnten durch die Teilnahme am SchuB-Projekt nicht aufgefangen werden und auch ihr weiterer Verbleib ist unklar. Bei der Schülerin Laura erfolgte der Abbruch aus eigener Initiative, die Ursachen sind bei ihr vor allem in ihrer Vorgeschichte beziehungsweise in ihrer familiären Situation zu sehen, die auch durch die im SchuB-Konzept vorgesehene sozialpädagogische Arbeit oder Gespräche mit der Klassenlehrerin nicht aufzuarbeiten war. Lauras Situation zeigt, dass eine familiäre Unterstützung für schulischen Erfolg von Bedeutung ist und ein zu großer Mangel an Rückhalt auch durch das SchuB-Konzept nicht ausgeglichen werden kann. Hinzu kommt, dass sich Laura nicht aus eigenem Antrieb dazu entschieden hat, am Projekt teilzunehmen, vielmehr war es ihr Partner, der sie dazu überredet hat. Daraus lässt sich schließen, dass die im SchuB-Konzept vorausgesetzte Freiwilligkeit für eine erfolgreiche Teilnahme und das Erreichen persönlicher Ziele von großer Bedeutung ist. Im Falle von Sinan wurde die Entscheidung, das Projekt zu beenden, hauptsächlich vom Pädagogenteam getroffen. Da Sinan laut Aussage der Klassenlehrerin bereits zu Beginn der SchuB-Maßnahme »mit Schule schon sehr abgeschlossen« (Cychy) hatte, habe die Hoffnung darin bestanden, ihn »über die praktische Arbeit im Betrieb irgendwie auffangen« (Cychy) zu können. Aus diesem Grund sei mit Sinan die Vereinbarung getroffen worden, den Praxisanteil von zwei auf vier Tage zu erhöhen. Am Ende des Schuljahres sei jedoch beschlossen worden, dass man in der Zusammenarbeit mit ihm an einem Punkt angelangt sei, an dem man ihn schulisch nicht mehr weiter qualifizieren könne. Alle pädagogischen Maßnahmen seien fehlgeschlagen und auch die Tatsache, dass andere Schüler an einem Platz in der SchuB-Klasse interessiert gewesen seien und die Teilnehmerzahl limitiert gewesen sei, hätten zusätzlich zu dieser Entscheidung beigetragen.

Im Falle des Schülers Michael gestaltete sich der Verlauf zwar problematisch, dennoch wurden Erfolge erzielt. Bereits vor dem Eintritt in die SchuB-Klasse nahm er nur unregelmäßig am Unterricht teil, auch während des SchuB-Projektes sammelten sich zahlreiche Fehltage an. Trotz der zahlreichen Fehlstunden vor Beginn von SchuB sei gemeinsam mit Michael entschieden worden, ihn in die Maßnahme aufzunehmen. In den Gesprächen habe man sich darauf geeinigt, dass der Praxisanteil bei Michael erhöht werde und er nur noch an einem Tag der Woche am Unterricht teilnehmen solle. Auch die Gefahr, tiefer in kriminelle Aktivitäten abzurutschen, habe dazu beigetragen, Michael in die SchuB-Maßnahme aufzunehmen. Zu Beginn sei er regelmäßig in die Schule gekommen und habe sich auch im Betrieb engagiert, sodass es den Anschein gemacht habe, beschriebene Form zeige Erfolge. Im Laufe der Zeit habe man jedoch feststellen müssen, dass sowohl seine schulische als auch betriebliche Strebsamkeit nachließ. Zum Schuljahr 2009/10 sei aus diesen und anderen Gründen entschieden worden ihn nicht weiter in der SchuB-Klasse zu beschulen. Dennoch lässt sich sagen, dass die Flexibilität, mit der die Schule die SchuB-Maßnahme durchgeführt hat, dazu beigetragen hat, dass sich Michael, trotz seiner kriminellen Vorgeschichte, einigermaßen stabilisieren konnte. Auch Michael selbst sieht seine Situation ähnlich (»(H)ätt' ich die SchuB Klasse nicht, will ich net wisse, was ich jetzt machen würde, also um die Uhrzeit« Michael).

Obwohl ein Schwerpunkt des SchuB-Konzepts auf den praktischen Anteilen liegt, ist auch die Teilnahme am Unterricht und ein gewisses Maß an Lernbereitschaft eine Voraussetzung für einen erfolgreichen Abschluss. Da diese Bereitschaft bei den Schülern Michael und Sinan nicht zu wecken war, lässt sich sagen, dass SchuB als schulisches Projekt nicht das Optimum darstellte und auch eine Weitervermittlung in ähnliche Maßnahmen vermutlich keinen Lernerfolg bringen würde.

Zwei Schülerinnen, Filiz und Eda, beendeten SchuB zwar vorzeitig, man kann jedoch nicht von einem negativen Maßnahmenverlauf sprechen. Die Schülerin Eda verließ die SchuB-Klasse aufgrund eines Wohnortwechsels ihrer Familie. Bei Filiz führten Missverständnisse und unrealistische Vorstellungen, die sie in vorangegangenen Informationsgesprächen entwickelt habe, letztendlich zu einem frühzeitigen Ende der Maßnahme. So habe sie sich laut Aussage des Schulleiters nicht vorstellen können, ein Praktikum durchzuführen, was für das praxisorientierte Arbeiten und die erfolgreiche Teilnahme an SchuB jedoch eine unerlässliche Voraussetzung darstellt. Für diese Schülerin stellte das SchuB-Konzept somit von Beginn an nicht den richtigen Zugang dar, der Abbruch beziehungsweise die Abmeldung hätte eventuell durch einen intensiveren Vorlauf vermieden werden können.

Im Fall der Schülerin Alexia wurde das SchuB-Projekt frühzeitig abgebrochen, es lässt sich jedoch positiv hervorheben, dass dies aufgrund des Übergangs in eine Ausbildung geschehen ist. Da sich bei Alexia eine Abwehrhaltung gegenüber der Schule und den Lehrkräften entwickelt habe, kann man jedoch nicht in jeder Hinsicht von einem positiven Maßnahmenverlauf sprechen. Auch fehlende Unterstützung von Seiten der Familie habe vermutlich dazu beigetragen, dass sich Alexia von der Schule abgewandt hat.

Der Schüler Ahmet hat das SchuB-Projekt vorzeitig verlassen, in seinem Fall muss man jedoch von einem Erfolg in SchuB sprechen. Durch die Teilnahme am Projekt hat er sein Ziel, eine Ausbildungsstelle zu finden, erreicht.

SchuB aus Sicht der Betriebe

Die kontinuierlichen Praxistage stellen ein wesentliches Element des SchuB-Konzeptes dar. Durch die praktische Arbeit in Betrieben soll Jugendlichen die Möglichkeit geboten werden, verschiedene Berufsfelder kennenzulernen und sich über einen längeren Zeitraum darin zu erproben[10]. Gerade Jugendlichen, die schulisch weniger erfolgreich sind, eröffnen sich durch das Lernen und Arbeiten in außer-

---

10 vgl. Hkm 2004, 4.

schulischen Feldern neue Wege, Erfolgserlebnisse zu erfahren und »in Folge erlebbarer Lernfortschritte wieder neue Motivation zu gewinnen«[11]. Neben dem Hauptschulabschluss stellt die Vermittlung der Jugendlichen in ein Ausbildungs- oder Arbeitsverhältnis ein Ziel von SchuB dar[12]. In der Fachdiskussion ist man sich einig, dass eine schulische Qualifizierung von Förderschülern nicht ausreicht, um diese beim Übergang in die Arbeitswelt zu unterstützen. Vielmehr sind es betriebliche Kontakte und praktische Erfahrungen, die für den Einstieg in die Arbeitswelt von Bedeutung sind. In diesem Kontext bietet SchuB die Möglichkeit, einen Einblick in regionale Angebote zu erhalten und erste Kontakte zu umliegenden Unternehmen zu knüpfen. Für die Schule stellt sich die Aufgabe, ausreichend Praktikumsbetriebe in der Umgebung zu akquirieren und zu prüfen, ob diese geeignete Lernorte für die Schüler darstellen. Aus diesen Gründen wurden die betrieblichen Kooperationspartner der KKS in die Evaluation einbezogen, um zu erfahren, was sie dazu bewegt, benachteiligte Jugendliche über einen längeren Zeitraum zu betreuen und sich mit den besonderen Lebensumständen und Problemlagen dieses Klientel zu befassen.

Kooperationsbetriebe

Im Rahmen des SchuB-Projektes kooperiert die KKS im Schuljahr 2008/09 mit insgesamt 20 Betrieben im Kreis Groß Gerau, von denen sich 13 zu einem Interview bereit erklärt haben. Diese lassen sich folgenden Branchen und Berufsfeldern zuordnen:

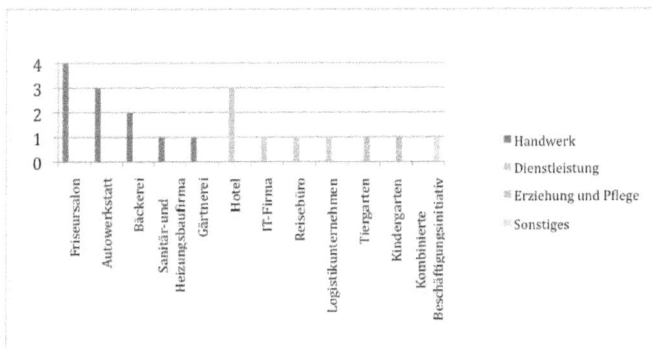

Abb. 1: Branchen und Berufsfelder kooperierender Betriebe in SchuB

Verteilung der Jugendlichen auf die Branchen und Berufsfelder

Die meisten Schüler absolvierten eins oder beide Praktika in einem Hotel. Vier Jugendliche leisteten ihre Praxistage in einer Autowerkstatt, drei in einem Friseursalon. Zwei weitere Schüler führten ihr Praktikum in einer Bäckerei durch, je einmal wurde eine IT-Firma, eine Gärtnerei, ein Tiergarten, ein Reisebüro, eine Sanitär-

---

11 Gericke 2003, 17f.
12 vgl. HKM 2004, 1.

und Heizungsfirma, eine Firma für Lagerlogistik und eine Initiative für kombinierte Beschäftigung gewählt. Ein Jugendlicher, welcher erst zum Halbjahr in der SchuB-Klasse aufgenommen wurde, hat noch keinen Praxisbetrieb gefunden. Es ist anzumerken, dass der genannte Schüler bei den praktikumsbezogenen Fragen keine Angaben machen konnte und somit in deren Auswertung nicht einbezogen ist.

Auswahlkriterien für die Praktikumsbetriebe aus Sicht der Schüler

Die Wahl der Praktikumsbetriebe zeigt, dass sich viele Schüler nach ihrem Berufswunsch orientieren, sich dennoch nicht ausschließlich darauf beschränken, sondern auch in andere Berufsfelder »reinschnuppern«, um sich Möglichkeiten für ihre berufliche Zukunft offen zu halten.

Merkmale der Praxistag-Betriebe in SchuB

Bei den 13 in die Evaluation einbezogenen Betrieben handelt es sich zum größten Teil um kleine Unternehmen. Acht von ihnen haben nicht mehr als elf Mitarbeiter. Die meisten Betriebe verfügen über langjährige Erfahrungen mit Praktikanten. Zehn Interviewpartner geben an, schon häufiger Jugendliche aus der Förderschule betreut zu haben. In acht teilnehmenden Betrieben besteht die Option einer Ausbildung. Bei den übrigen wird deutlich, dass vor allem strukturelle Gegebenheiten und fehlende personelle Ressourcen Gründe sind, keine Ausbildungsstellen anbieten zu können. Erfreulich ist, dass kein Betrieb die Auswahl eines Auszubildenden vom Schulabschluss abhängig macht. Vielmehr scheint ein durch die Praktika entstandenes, persönliches Verhältnis und die damit verbundene Einschätzung der Jugendlichen durch den Betreuer ausschlaggebend für die Übernahme in den Betrieb zu sein. An dieser Stelle zeigt sich, dass sich der auch im SchuB-Konzept vorgesehene, längerfristige Kontakt der Schüler zu den Betrieben auch in der Praxis bewährt und die Chancen in eine Ausbildung übernommen zu werden erhöht (»(W)enn ich ihn kenne, ne längere Zeit durch das Praktikum und denke, er packt das, dann ja, warum nicht. Sonst würd' ich mir ja die Arbeit nicht machen.« Hotel 2). Bestätigt wird diese Annahme durch die Übernahme zweier Schüler der KKS in eine Ausbildung zum Schuljahresende.

Beweggründe der Betriebe an SchuB teilzunehmen

Viele Betriebe sehen einen sozialen Auftrag darin, Jugendliche aus der Förderschule zu unterstützen und ihnen die Möglichkeit zu bieten, ihre Fähigkeiten zu beweisen. Vier Betriebe schildern, dass ihre Beweggründe auf positive Erfahrungen mit Schülern von der Förderschule zurückzuführen sind und dass Jugendliche unabhängig von ihren schulischen Leistungen positive Eigenschaften, Fähigkeiten und Talente haben, die eine Bereicherung für den Betrieb darstellen können (»(W)eil ich halt gesehen habe, dass in ihr ein Talent schlummert. Und weil ich selber schon erfahren habe, dass die schulischen Noten nichts sagen.« Friseursalon 3). Diese Einstellungen bestätigen die im SchuB-Konzept verankerte Idee, den Jugendlichen die Möglichkeit zu geben ihr praktisches Können unabhängig ihrer schulischen Leistungen unter Beweis stellen zu können. Drei Mitarbeiter berichten, dass sie den Jugendlichen aufgrund der eigenen Vergangenheit eine Chance geben würden. Zwei Betriebe möchten erleben und beobachten, inwiefern sich Jugendliche über einen längeren Zeitraum weiterentwickeln können. Jeweils einmal werden das Engagement der Lehrer und Eltern, der persönliche Kontakt zur Klassenlehrerin und eine Verpflichtung gegenüber ortsansässigen Einrichtungen als Beweggründe genannt.

Vor- und Nachteile von SchuB

Die befragten Betriebe sehen vor allem Vorteile in der Arbeit mit SchuB. Insbesondere für die Jugendlichen biete das Konzept Möglichkeiten, praktische Erfahrungen zu sammeln und sich in der Arbeitswelt zu orientieren (*»Also für den Jugendlichen denke ich, dass er halt Einsicht hat in verschiedene Berufe, die hier ausgeübt werden. Und man kann sehr viel hier machen und ich denke, dann kann er sagen, ob es ihm liegt oder nicht.«* Autowerkstatt 2). Der Küchenchef eines Hotels sieht trotz eines anfänglich hohen Betreuungsaufwandes die zusätzliche Unterstützung der Jugendlichen als Vorteil für den Betrieb (*»Nach ner gewissen Zeit arbeiten sie dann auch selbstständig und dann nehmen sie mir natürlich auch Arbeit ab. Wenn ich dann sag: ›Mach das und das!‹ und er weiß wie's geht.«* Hotel 2). Auch der Mitarbeiter einer IT- Firma sieht sowohl einen Vorteil für seine Firma als auch für den Jugendlichen, wenn er diesen über einen längeren Zeitraum einarbeiten könne (*»Also mit den zwei Praxistagen hat natürlich den riesen Vorteil, dass er dann wirklich auch den ganzen Tag da ist und erstens kriegt er viel mit und zweitens kann man ihn dadurch auch besser einsetzen, weil (...) er weiß ungefähr was abgeht und kann dadurch auch viel besser mitarbeiten.«* IT- Firma). Auch die Regelmäßigkeit der Praxistage wird positiv bewertet. Lediglich zwei Betriebe kritisieren die Form von SchuB, so merkt die Besitzerin eines Friseursalons an, dass der Praxisanteil noch erhöht werden könne.

Die Einschätzungen der Betriebe lassen darauf schließen, dass diese sich mit dem Konzept auseinander gesetzt haben und dieses insgesamt positiv bewerten, was eine gute Grundlage für die weitere Zusammenarbeit darstellt.

Noch einmal SchuB? – Zukünftige Bereitschaft zur Teilnahme am Projekt

In Anbetracht der Tatsache, dass die KKS auch zukünftig auf die Kooperation regionaler Betriebe angewiesen ist, wurde erhoben, ob diese noch einmal am SchuB-Projekt teilnehmen beziehungsweise Jugendliche aus der KKS aufnehmen würden.

Elf Betriebe geben an auch zukünftig mit der Karl-Krolopper-Schule im Rahmen von SchuB kooperieren zu wollen (*»Auf jeden Fall, klar, selbstverständlich!«* Autowerkstatt 3). Insgesamt lassen die Antworten auf eine hohe Zufriedenheit mit dem Verlauf des letzten Jahres schließen. Zu vermuten ist, dass das SchuB-Konzept aus betrieblicher Sicht Sinn macht und angenommen wurde. Dies bildet eine gute Basis für eine längerfristig gelingende Kooperation der befragten Betriebe und der KKS, welche auch in Zukunft genutzt und weiter ausgebaut werden kann.

Fortschritte der Jugendlichen während des Praktikums

Es wird deutlich, dass zwölf von dreizehn Betrieben eine positive Entwicklung der Jugendlichen beobachten konnten. Am häufigsten wird beschrieben, dass die Schü-

ler im Laufe des Praktikums selbstständiger geworden sind und eigenverantwortlich
Aufgaben übernehmen konnten. Sechs mal wird geschildert, dass die sie Kollegen
oder Kunden offener gegenüber getreten sind und im Umgang mit anderen Menschen und Arbeitsabläufen mehr Selbstsicherheit gewinnen konnten *(»Der ist offener
geworden, selbstsicherer und der hat ja sonst immer nur unter sich geguckt und war so zurückhal-
tend, das ist viel besser geworden.« Bäckerei 2)*. Drei Betriebe merken an, dass die Jugendlichen im Laufe der Zeit immer mehr berufsspezifische Tätigkeiten ausführen
konnten und eine Weiterentwicklung im handwerklichen Kompetenzbereich stattgefunden hat *(»Der konnte schon alleine Reifen montieren und konnte schon alleine Ölwechsel
machen. Also der hat schon was mitgenommen.« Autowerkstatt 3)*. Der Besitzerin eines Hotels sei schon häufiger aufgefallen, dass die Jugendlichen durch die praktische Arbeit gemerkt hätten, dass schulische Inhalte auch im späteren Beruf von Bedeutung
sein könnten. So habe sich eine Schülerin vorgenommen, Englisch zu lernen, da
diese Sprache vor allem im Tourismusbereich eine große Rolle spiele. Allein diese
Erkenntnis bewerte sie als persönlichen Fortschritt für die Schülerin.

Auch die Klassenlehrerin schildert, dass sie während des Schuljahres ähnliche Fortschritte bei den Jugendlichen beobachtet habe *(»Eine wesentliche Stabilisierung
vieler Schüler, eine bessere Selbsteinschätzungsfähigkeit, eine bessere Teamfähigkeit, auch in der
Klasse. Ich finde, dass sich ihre Reflexionsfähigkeit sehr gesteigert hat. Einfach ein Stück weit zu
gucken, was ist jetzt für mich auch ein mögliches Berufsfeld, auch mehr Flexibilität, zu wissen
worauf es jetzt ankommt, ein Stück mehr Selbstständigkeit. Bei einigen Schülern mehr, bei anderen weniger. Mehr Selbstbewusstsein.« Cychy)*.

Es kann festgehalten werden, dass die Praktika laut Aussagen der Betriebe
und der Klassenlehrerin zu einer Weiterentwicklung der Jugendlichen beigetragen
haben. Sowohl im Bereich der Persönlichkeitsentwicklung als auch im Fachlichen
seien Fortschritte beobachtet worden. Aus den Angaben der Befragten lässt sich
schließen, dass die im SchuB-Konzept verankerten Zielsetzungen, »die Persönlichkeit der Schülerinnen und Schüler stärken und stabilisieren«, »Lern- und Leis-
tungsmotivation steigern«, »Schlüsselqualifikationen (fachliche, methodische, persönliche und soziale Kompetenz) vermitteln«[13] in vielen Fällen erreicht wurden.
Anzumerken ist, dass auch die Schüler diese Fortschritte an sich selbst wahrnehmen und diese als Lerngewinn ansehen.

Ein guter Lernort – Beurteilung durch Schüler, Lehrer und Betriebe

Die Qualität der Praxislernorte stellt ein wesentliches Kriterium für den erfolgreichen Verlauf eines Praktikums dar[14]. Aus diesem Grund liegt ein Schwerpunkt der
Evaluation auf der Bewertung der Praktikumsbetriebe.

Bei der Auswertung wird deutlich, dass sowohl die Lehrer als auch die Jugendlichen eine Vorstellung davon haben, welche Aspekte (*Betriebsklima, Einbindung
in den Betrieb, Betreuung*) erfüllt sein sollten, um ein Praktikum als erfolgreich zu bewerten.

---

13 HKM 2004, 1.
14 vgl. Rützel 2003; in Duismann 2005, 57.

Ein gutes Verhältnis zu den Arbeitskollegen beziehungsweise zum Chef eines Betriebes stellt für viele Jugendliche das wichtigste Kriterium für einen guten Lernort dar. Hierzu zählen für die Schüler vor allem ein gutes Betriebsklima, aber auch ein gewisses Maß an Unterstützung und Hilfsbereitschaft von Seiten der Mitarbeiter (»*Dass der Chef nicht so hart ist, auch mal fröhlich ist und so und dass die Leute, die in dem Betrieb arbeiten, dir immer helfen, wenn du Hilfe brauchst, so was.« Valentina*). Für einige Schüler ist es von Bedeutung, selbstständig arbeiten zu dürfen und feste Aufgaben erledigen zu können.

Die Antworten der Schüler spiegeln sich auch in den Ansprüchen der Lehrer an einen guten Praxislernort wider. Neben einem guten Betriebsklima, einer angemessenen Betreuung und einem respektvollen Umgang mit den Jugendlichen, stehen auch praktische Erfahrungen und Aufgaben, welche die Schüler in angemessener Weise fordern im Vordergrund. Darüber hinaus sollten die Jugendlichen eine Wertschätzung ihrer Person und angemessene Rückmeldung über ihre Fähigkeiten erhalten. Optimal sei ein Praxisbetrieb, wenn sie zusätzlich fachliche Qualifikationen erwerben würden.

Resümierend ist festzustellen, dass die genannten Qualitätsmerkmale für einen guten Praxislernort in nahezu allen Betrieben auf zufriedenstellende Weise erfüllt zu sein scheinen. Somit lässt sich bei den befragten Betrieben von guten Lernorten sprechen, in denen es den Schülern möglich war, sich wohl zu fühlen, eigene Aufgaben zu übernehmen und eine sinnvolle Betreuung zu genießen.

Probleme und Konflikte in SchuB und Abbrüche von Praktika

Erfreulicher Weise gibt lediglich ein Betrieb an, dass es während der kontinuierlichen Praxistage zu Problemen mit einem Schüler der KKS gekommen sei. Dennoch habe der betroffene Schüler sein Praktikum regulär beenden dürfen. Rückblickend erzählt der Mitarbeiter im Interview jedoch, »*noch mal so eine Geschichte wie bei ihm würden wir nicht machen. Mit diesem ewig langen ›Probieren wir es noch einmal‹. Wenn wir sehen, es hat keinen Sinn, dann hat es auch keinen Sinn. Und bei ihm ist es effektiv so, es hat auch keinen Sinn gehabt.« (Tiergarten)*.

In den Gesprächen mit den Schülern wird deutlich, dass insgesamt eine hohe Zufriedenheit mit den Praktikumsverläufen besteht und es keine besonderen Probleme oder Konflikte gegeben habe. Dies trägt dazu bei, dass im ersten SchuB-Jahr keine Praktikumsabbrüche stattgefunden haben.

Kooperation mit der Schule

Aus einer insgesamt sehr positiven Resonanz der Betriebe bezüglich der Kooperation mit der Schule während der Praktika lässt sich schließen, dass die Klassenlehrerin eine bedeutende Rolle bei der Betriebsakquise und in der Zusammenarbeit mit den Betrieben einnimmt. Es wird deutlich, dass die intensive Betreuung und das hohe Engagement der Schule auf betrieblicher Ebene wertgeschätzt werden und mit dazu beitragen, dass die meisten Betriebe auch weiterhin mit der KKS zusammenarbeiten wollen (»*Mit Frau Cychy 100%. Das ist überhaupt kein Thema, die kümmert sich da auch drum. Die kommt erst hier her und so sollte es eigentlich auch funktionieren. (…) man merkt schon die Erfahrung (…). Solange Frau Cychy da ist, ist alles OK.«* Autowerkstatt 1). In diesem Kontext sieht Herr Seeberger einen Vorteil in den zusätzlichen Ressourcen, die durch das SchuB-Konzept zur Verfügung stehen und für eine intensive Praktikumsbetreuung genutzt werden können.

Verbesserungsvorschläge

Bei der Auswertung der Frage nach Verbesserungsvorschlägen in der Kooperation zwischen Schule und Betrieb spiegelt sich erneut eine hohe Zufriedenheit von Seiten der Betriebe wider. Lediglich zwei machen konkrete Verbesserungsvorschläge. Der Chef einer Autowerkstatt würde sich mehr Informationen über die einzelnen Jugendlichen wünschen. Die Chefin eines Friseursalons schlägt vor, an der Schule berufsspezifische Angebote zu machen und ein Kooperationsnetzwerk zwischen den an SchuB teilnehmenden Betrieben aufzubauen.

Fazit

Im Rahmen der Evaluation des SchuB-Projektes an der Karl-Krolopper-Schule wird deutlich, dass der SchuB-Erlass eine Orientierung für praxisbezogenes Lernen und Arbeiten liefert und nötige Ressourcen bereitstellt. Durch das eher offen gehaltene Konzept haben Schulen die Möglichkeit, die besonderen Bedürfnisse der Schüler bei der Umsetzung zu berücksichtigen. Es hat sich gezeigt, dass die KKS die Freiräume nutzt und den Schülern verschiedene Zugänge zur Arbeitswelt ermöglicht. Neben der Projektarbeit in der Schule sind es vor allem die kontinuierlichen Praxistage, die den Schülern einen Einblick in das Berufsleben geben und erste Kontakte zu Betrieben möglich machen. Dass zwei Jugendliche die Möglichkeit erhielten, den Praxisanteil von zwei auf vier Tage zu erhöhen, verdeutlicht, dass auf die individuellen Bedürfnisse der Schüler eingegangen wird und sich die Ausgestaltung des SchuB-Konzeptes in der KKS an den Problemlagen der Jugendlichen orientiert. Auch der vorzeitige Austritt zweier Schüler in eine Ausbildung macht eine bedürfnisorientierte Ausrichtung der KKS deutlich. In Bezug zur Unterrichtsorganisation hat sich gezeigt, dass die offen gehaltene Stundentafel in SchuB einen Teil dazu beiträgt, den Unterricht an der KKS abwechslungsreich zu gestalten und je nach Bedarf inhaltliche und methodische Schwerpunkte zu setzen. Dies beinhaltet die Möglichkeit die Schüler gezielt auf den Hauptschulabschluss vorzubereiten. An dieser Stelle bleibt anzumerken, dass die KKS in ihrer Arbeit einen Schwerpunkt auf die lebenspraktische Vorbereitung legt und von einer reinen, in der Fachliteratur häufig kritisierten, Abschlussorientierung absieht. Im Sinne einer lebenslagenorientierten Arbeit können gemeinsame Lernberatungsgespräche und die Unterstützung durch den Reha-Berater (Agentur für Arbeit) zu einer realistischen Einschätzung der beruflichen Möglichkeiten beitragen. Eine Erweiterung des SchuB-Konzeptes nimmt die KKS insofern vor, dass im nächsten Jahr eine nachschulische Betreuung der Schüler vorgesehen ist.

Insgesamt ist in den Gesprächen deutlich geworden, dass das erste SchuB-Jahr aus Sicht der teilnehmenden Schüler, Lehrkräfte und Betriebe sehr zufriedenstellend verlaufen ist. Die Evaluation hat gezeigt, dass SchuB an der KKS für die meisten Schüler eine gute Möglichkeit bietet, sich beruflich zu orientieren und betriebliche Kontakte zu knüpfen, um so eventuell einen Einstieg in das Erwerbsleben zu finden.

Auch von Seiten der Betriebe wird dem Knüpfen persönlicher Kontakte eine hohe Bedeutung zugemessen, so werden die kontinuierlichen Praxistage von vielen als Möglichkeit wahrgenommen, die Jugendlichen kennen zu lernen, um sie gegebenenfalls längerfristig in den Betrieb zu integrieren. Dennoch bleibt festzuhalten, dass das SchuB-Konzept keinen Königsweg darstellt, benachteiligte Jugendliche erfolgreich in die Arbeitswelt zu vermitteln. Mit nur einem Konzept auf den sich wandelnden Arbeitsmarkt, die individuellen Problemlagen und Voraussetzungen der Jugendlichen zu reagieren, scheint nahezu unmöglich. Aus diesem Grund ist es wichtig, das Konzept möglichst individuell anzupassen, um einen Großteil der Schüler damit erreichen zu können.

Der erfolgreiche Verlauf des ersten SchuB-Jahres an der KKS lässt sich unter anderem durch das hohe Engagement der Lehrkräfte erklären. Sie sind es, die über langjährige Erfahrungen im Bereich der Berufsorientierung verfügen und einen großen Teil dazu beitragen, die Schüler in geeigneten Betrieben unterzubringen. Dies hängt nicht zuletzt damit zusammen, dass sich über die Jahre hinweg eine gute Kooperationsbasis zwischen der Schule und regionalen Betrieben entwickelt hat, die von beiden Seiten positiv bewertet wird. Für die Weiterführung von SchuB und die Einrichtung einer neuen Praxisklasse an der KKS stellt dies eine wichtige Grundlage dar, da es in Zukunft immer mehr Schüler geben wird, die in einem Betrieb untergebracht werden müssen. Die Klassenlehrerin betont in diesem Zusammenhang, dass es zukünftig auch von Bedeutung sein wird, sich mit umliegenden Schulen abzusprechen, um Engpässen möglichst gut entgegenwirken zu können. Dass auch in Zukunft ein Schwerpunkt auf der Berufsorientierung liegen wird, stellen sowohl der Schulleiter als auch die Klassenlehrerin der SchuB-Klasse außer Frage. Auch wenn es fraglich bleibt, ob die in SchuB vorgesehenen Ressourcen nach dem Jahr 2013 weiterhin zur Verfügung gestellt werden, sind es doch die Elemente und die Richtung von SchuB, die man beibehalten wolle.

Es bleibt festzuhalten, dass der Erfolg von SchuB in hohem Maße von der Umsetzung und individuellen Ausgestaltung des Konzeptes in der Schule, einer funktionierenden Zusammenarbeit zwischen Schule und Betrieben und nicht zuletzt von dem persönlichen Engagement der beteiligten Lehrkräfte abzuhängen scheint. Auch die Unterstützung durch die Stadt Kelsterbach als Schulträger wird sehr positiv für das Gelingen von SchuB eingeschätzt.

Dass dies der Karl-Krolopper-Schule gelungen ist, wurde durch die Evaluation deutlich.

Abschließend sei gesagt, dass die Unterstützung von Seiten der Karl-Krolopper-Schule für die Durchführung der Evaluation von besonderer Bedeutung war. Während der gesamten Zeit war es vor allem Herr Seeberger, der uns unterstützend zur Seite stand und jederzeit bereit war auf unsere Fragen und Probleme einzugehen. Auch der Einsatz und die Unterstützung von Frau Cychy gaben uns Rückhalt. Das hohe Engagement der beiden und ihr persönlicher Zugang zu den Schülern haben für uns, als zukünftige Lehrer, einen Vorbildcharakter und stellen eine hohe Motivation dar. Nicht zuletzt waren es auch die Schüler und Betriebe, welche mit ihrer Kooperationsbereitschaft dazu beigetragen haben die Evaluation durchzuführen.

Die gute Zusammenarbeit mit allen Beteiligten wissen wir sehr zu schätzen. Sie stellte eine Voraussetzung für die Durchführung dar. An dieser Stelle möchten wir allen für ihren Einsatz danken.

Literatur

BURGERT, M. (2001): Fit fürs Leben. Grundriss einer Pädagogik für benachteiligte Jugendliche in Schule, Ausbildung und Erwerbsarbeit. Langenau-Ulm. – DUISMANN, G. H. (2005): Praxisphasen in Betrieben – Betriebspraktikum und Schülerfirmen: Didaktische Probleme und Qualitätssicherung. In: FELKENDORFF K./LISCHER, E. (Hrsg.): Barrierefreie Übergänge? Jugendliche mit Behinderungen und Lernschwierigkeiten zwischen Schule und Berufsleben. Zürich. – GERICKE, T. (2003): Duale Ausbildung für Benachteiligte. Eine Untersuchung zur Kooperation von Jugendsozialarbeit und Betrieben. Wiesbaden. – HESSISCHES KULTUSMINISTERIUM (HKM 2004): SchuB-Klassen in Hessen. Lernen und Arbeiten in Schule und Betrieb. Erlass vom 2.11.2004-II A 2.1-170.000.063-. – FRIEDEMANN, H.-J./SCHROEDER J. (2000): Von der Schule ... ins Abseits? Untersuchung zur beruflichen Eingliederung benachteiligter Jugendlicher. Wege aus der Ausbildungskrise. Langenau-Ulm. – RÜTZEL, J. (2003): Das Praktikum – Eine Brücke zur Ausbildung und Selbstständigkeit. Berufsbildung, 29–33.

Anschrift der Verfasserinnen: Jasmin Ohmenzetter, Vanessa Schönfeld
c/o Karl-Krolopper-Schule
Potsdamer Weg 4–6, 65451 Kelsterbach
E-Mail: info@kks-kelsterbach.de

* * *

Berufsbildungswerk Südhessen (BBW)

Zwischenbilanz: Modellprojekt zur beruflichen Integration von Förderschüler/innen erfolgreich angelaufen

Halbzeit beim Modellprojekt zur »erweiterten vertieften Berufsorientierung von Förderschüler/innen«, das durch das Berufsbildungswerk Südhessen (bbw) in enger Zusammenarbeit mit den beteiligten Schulen durchgeführt wird: Nach neun Monaten Laufzeit sorgen die vielfältigen praktischen Erprobungsmöglichkeiten im bbw, eine intensive professionelle Betreuung und die enge Vernetzung aller beteiligten Partner für motivierte Schüler/innen und erste Erfolgerlebnisse.

100 Schüler/innen von Förderschulen werden seit Oktober 2009 im bbw Südhessen während einer 1 ½ jährigen Fördermaßnahme – finanziert vom der Regionaldirektion Hessen der Bundesagentur für Arbeit, der Fraport Stiftung »Pro Region« und dem Hessischen Kultusministerium – auf den Einstieg in Arbeitsleben vorbereitet. In fünf aufeinander abgestimmten Modulen werden die Schüler/innen fit für die eigene Berufswahl gemacht. »Dabei lernen die Jugendlichen, ihre eigenen Fähigkeiten und Neigungen realistisch einzuschätzen«, erklärt bbw-Projektleiter Andreas Künzel. »Ziel ist, dass die Schüler/innen am Ende des Projekts in der Lage sind, einen Berufswunsch für sich zu formulieren, Betriebe für anstehende Schülerpraktika auszuwählen, um später eine passende Ausbildungs- oder Arbeitsstelle zu finden«.

Diesem Ziel sind die Teilnehmer/innen des Projekts inzwischen schon ein ganzes Stück näher gekommen. Um die Jugendlichen zu Beginn des Projekt gleich emotional zu erreichen und ins Boot zu holen, wurde ein aktivierender Auftakt gewählt: Durch den Bau von Jonglage-Stäben und eine kurze Einführung in das Jonglieren konnte eine motivierende Arbeitsatmosphäre aufgebaut werden. Im ersten Projekt-Modul wurden dann die berufsspezifischen Kompetenzen der Schüler/innen durch ein normiertes Verfahren erhoben und festgestellt. Abwechslungsreiche Übungen sowohl im handwerklichen als auch im theoretischen Bereich helfen den Schüler/innen, ihre eigenen Neigungen, Fähigkeiten und Begabungsschwerpunkte kennen zu lernen. Im zweiten Modul, der so genannten »praktischen Erprobung«, konnten die Schüler/innen verschiedene Arbeitsbereiche unter realistischen Bedingungen ausprobieren. »Ich habe in der bbw-Textilreinigung mitgearbeitet, das war toll. Ich hätte gar nicht gedacht, dass die Arbeit da so vielseitig ist. Jetzt suche ich mir noch ein Praktikum in dem Bereich«, erzählt der 15-jährige Nikola begeistert. Das an die praktische Erprobung anschließende »Training arbeitsweltbezogener Sozialkompetenzen« setzte sich dann im Rahmen von Rollenspielen und anderen Übungen damit auseinander, welche Regeln und Normen für einen erfolgreichen Berufseinstieg wichtig sind. In den nächsten Modulen folgen ein professionelles Bewerbungstraining und die abschließende Auswertungsphase.

Maßgeblich für den bisherigen erfolgreichen Verlauf des Projekts ist die Vernetzung und enge, wertschätzende Zusammenarbeit zwischen Kultusministerium, Schulen, Arbeitsagenturen und dem Berufsbildungswerk, die in regelmäßigem

Austausch stehen. Insbesondere die enge Verzahnung mit den Schulen ist hier ent-scheidend. Sowohl dem Kultusministerium als auch dem bbw Südhessen als Projektträger war es von Anfang an wichtig, die Verbindung zu den Lehrer/innen der Schulen herzustellen. Um die Pädagog/innen im Feld der beruflichen Orientierung zu professionalisieren, wurden eigens Mittel zur Verfügung gestellt, um Fortbildungen zu finanzieren. Außerdem wurden alle Schulen durch die aktive Teilnahme der Lehrer/innen am Projekt beteiligt. So konnte ein geeigneter Rahmen geschaffen werden, mit- und voneinander zu lernen.

Die praxisnahen Lehrerfortbildungen in den Bereichen »Verhaltensbeobachtung«, »Förderplanung« und »Übergangsmanagement Schule/Beruf« vertiefen die Kompetenzen der schulischen Mitarbeiter/innen. Anhand der Ergebnisse der Kompetenzfeststellungen und Arbeitserprobungen wurden individuelle Fördermöglichkeiten für die Schüler/innen aufgezeigt, so dass deren Berufsorientierung auch in der Schule fundiert fortgesetzt werden konnte. »So konnten Synergien nutzbar gemacht werden. Gerade durch die Vernetzung mit den Schulen und Arbeitsagenturen kann eine optimale Berufsorientierung ermöglicht werden«, erklärt Bernhard Altert, Abteilungsleiter Wohnen – Beraten – Fördern im Berufsbildungswerk Südhessen. Strategisches Ziel der Fortbildungen ist es, den Lehrer/innen methodisches Wissen an die Hand zu geben, damit sie in der Lage sind, junge Menschen mit drohenden Vermittlungshemmnissen durch eine systematische Berufsorientierung, in Zusammenarbeit mit den Agenturen für Arbeit, individuell zu fördern.

An allen drei Modulen, die bisher durchgeführt wurden, haben die Schüler/innen sehr engagiert teilgenommen – sie kommen gerne ins bbw und konnten aufgrund der motivierten Mitarbeit bisher gute Testergebnisse erbringen. Der Lernortwechsel von der Schule ins bbw nach Karben war dabei eine wichtige Voraussetzung, da Erfahrungen außerhalb von gewohnten Strukturen und Zwängen gesammelt wurden und so eine neugierige Annäherung der Teilnehmer/innen an das Projekt ermöglicht wurde. Durch seine vielfältigen praktischen Erprobungsmöglichkeiten und jahrelangen Erfahrungen im Bereich der Berufsorientierung ist das Berufsbildungswerk optimal für ein derartiges Projekt ausgestattet.

Besonders deutlich zeigt sich der Erfolg der Maßnahme an den geringen Fehlzeiten und einer überraschend geringen Abbruchquote von weniger als 5%. Ebenfalls positiv ist die Einbindung der Eltern ins Projekt verlaufen. Im Rahmen von regelmäßig stattfindenden Elternabenden erhalten die Eltern frühzeitig Informationen über die beruflichen Perspektiven ihrer Kinder und können unterstützend mitwirken. Dass sie daran sehr interessiert sind, zeigt sich schon daran, dass mindestens ein Elternteil vom jeder/jedem Schüler/in an allen Elternabenden teilgenommen hat.

»Die Nachhaltigkeit des Projektansatzes ist schon jetzt durch die enge Zusammenarbeit mit dem Kultusministerium, den Schulen, den Agenturen für Arbeit und durch die Einbindung der Eltern gesichert«, erklärt bbw-Geschäftsführerin Renée Eve Seehof. »Wir hoffen sehr, dass wir die Möglichkeiten der interdisziplinären Zusammenarbeit, die sich hier aufgetan haben, zum Wohle der Schüler/innen fortführen und weiter ausbauen können. «

Über das bbw Südhessen

Jungen Menschen mit Behinderung, psychischer Erkrankung und benachteiligten jungen Menschen die Chance zu geben, einen geeigneten Beruf zu ergreifen – das ist Ziel und Aufgabe der Berufsbildungswerk Südhessen gGmbH mit Sitz in Karben. Als Unternehmen zur beruflichen Erstausbildung und Qualifizierung von jungen Menschen mit besonderem Förderbedarf ist das zentrale Anliegen des Berufsbildungswerks die Eingliederung behinderter oder benachteiligter junger Menschen in die Gesellschaft und in das Arbeitsleben.

Mit etwa 200 MitarbeiterInnen bietet das bbw Südhessen über 400 TeilnehmerInnen Ausbildungsplätze in ca. 30 Berufen. Darüber hinaus wird durch Berufsvorbereitungen, Kompetenzfeststellungsmaßnahmen und Berufseinstiegsbegleitung nochmals ca. 500 jungen Menschen geholfen, ihre berufliche Perspektive zu klären und sich auf die Ausbildung vorzubereiten. Für die Dauer der Ausbildung lebt ein Großteil der TeilnehmerInnen im Wohndorf auf dem bbw-Gelände oder in nahegelegenen externen Wohngruppen. Sie werden von Reha-Teams, bestehend aus PädagogInnen, PsychologInnen, AusbilderInnen und medizinischen Fachkräften, betreut. Die praxisnahe Ausbildung in den eigenen Werkstätten wird mit umfassenden externen Betriebspraktika und intensiven Ausbildungsphasen in Wirtschaftsbetrieben verzahnt. Das gemeinschaftliche Leben im Wohndorf spielt eine zentrale Rolle bei dem ganzheitlichen Bildungsansatz und der sozialen und beruflichen Integration der jungen Menschen in die Arbeitswelt.

Am Ende der Ausbildung bestehen die Jugendlichen nicht nur mehrheitlich die staatlich anerkannten Prüfungen, sondern sind auch optimal auf ein selbstständiges Leben vorbereitet. Zudem unterstützt das bbw Südhessen die Auszubildenden aktiv und erfolgreich beim anschließenden Übergang in Arbeit.

Kontakt:

Elke Beeck
Öffentlichkeitsarbeit
Berufsbildungswerk Südhessen gGmbH,
Am Heroldsrain 1, 61184 Karben
Tel.: +49(0)6039 482-102
Fax: +49(0)6039 482-806
E-Mail: elke.beeck@bbw-suedhessen.de
Internet: http://www.bbw-suedhessen.de

* * *

IMPRESSUM

Zeitschrift »BEHINDERTENPÄDAGOGIK« im Psychosozial-Verlag
Herausgeber: vds-Hessen im Verband Sonderpädagogik

1. Vorsitzende: Inge Holler-Zittlau, Barfüßerstr. 49, 35037 Marburg, Tel. 06421/21682, Fax 06421/21685, E-Mail: Holler-Zittlau@vds-hessen.com

2. Vorsitzende: Peter-Martin Stier

Geschäftsführung: Volker Karger

Komm. Schriftleitung und Redaktion Fachteil: Prof. Dr. Willehad Lanwer, Zweifalltorweg 12, 64293 Darmstadt, Tel.: 06151/879881, FAX: +49 6151/879858, E-Mail: lanwer@vds-hessen.com

Redaktion Hessenteil: Jürgen Seeberger, Emil-Claar-Str. 10, 60322 Frankfurt a.M., Tel. 069/727030 Fax: 069/7206174, E-Mail: j.seeberger@online.de; Monika Glück-Arndt, Otto-Ernst-Weg 19,65929 Frankfurt a.M., Tel. 069/303187, E-Mail: monikagluekarndt@web.de; Marcus A. Marx, Baumweg 23, 60316 Frankfurt a.M., Tel. 069/36602813, E-Mail: marcus_marx@gmx.de

Verlag: Psychosozial-Verlag, Walltorstr. 10, 35390 Gießen, Telefon 0641/96997818, Fax: 0641/96997819, E-Mail: info@psychosozial-verlag.de www.psychosozial-verlag.de

Satz: Willehad Lanwer, Darmstadt

Bezugsgebühren: Für das Jahresabonnement EURO 34,- (inkl. MwSt.) zuzüglich Versandkosten. Studierende erhalten gegen Nachweis 25% Rabatt. Lieferungen ins Ausland gegen Mehrporto. Das Abonnement verlängert sich jeweils um ein Jahr, sofern nicht eine Abbestellung bis zum 15. November erfolgt. Preis pro Einzelheft EURO 10,50, pro Doppelheft EURO 18,-. Bei Mitgliedschaft im vds-Hessen Fachverband für Behindertenpädagogik ist der Preis für ein Abonnement bereits im Jahresmitgliedsbeitrag enthalten.

Bestellungen und **Abo-Verwaltung** über den Psychosozial-Verlag.
E-Mail: bestellung@psychosozial-verlag.de

Anzeigen: Anfragen bitte an den Verlag: anzeigen@psychosozial-verlag.de

Manuskripte: Die Redaktion läd zur Einsendung von Manuskripten (ausgedruckt und als Datei) ein.

Die Deutsche Bibliothek – CIP Einheitsaufnahme:
Ein Titeldatensatz für diese Publikation ist bei der Deutschen Bibliothek erhältlich.

ISSN 0341-7301